Christoph Meiners

Philosophische Bibliothek

Christoph Meiners

Philosophische Bibliothek

ISBN/EAN: 9783744701150

Hergestellt in Europa, USA, Kanada, Australien, Japan

Cover: Foto ©ninafisch / pixelio.de

Weitere Bücher finden Sie auf **www.hansebooks.com**

I. Abhandlung.

Ueber Bestimmung und Bestimmt‍heit der Begriffe.

§. 1. Zweck dieser Untersuchung.

...iffe auf den Urtheilen und deren ...iß beruhen: so gründen sich die ... ie Beschaffenheit der darinnen auf ... jenen Begriffe, ändern sich, wie diese ...ern, stehen und fallen mit ih‍nen. Je nachdem wir dieses oder jenes, viel oder wenig, beym Subject und Prädicat uns vor‍stellen, lassen beyde sich verbinden oder trennen, mit oder ohne Einschränkung. Wenn die Men‍schen über die Welt und ihre Vollkommen‍heit, über Wahrheit, Aufklärung, Religion, Tugend und Glückseligkeit, so verschieden urthei‍len: so liegt der Grund wohl insgemein mehr in der Verschiedenheit der Begriffe, die sie je‍desmal mit diesen Worten verknüpfen, als der Grundsätze und Regeln, nach denen ...

der Verbindung der Begriffe zu Urtheilen und
der Urtheile zu Schlüſſen beſtimmen. So nothwendig und verdienſtlich es daher auch iſt, die
Geſetze, nach welchen der Verſtand urtheilt und
ſchließt, und die mit ihnen völlig übereinſtimmenden oder davon abweichenden Grundſätze
und Regeln aufzuſuchen und ins Licht zu ſetzen;
um ſo mehr, da viele unſrer Begriffe auf vorhergehenden Urtheilen und Schlüſſen beruhen:
ſo iſt doch wenigſtens eben ſo nöthig, die Er-
forſchung und möglichſte Aufklärung der Quellen unſerer Begriffe. Und dieſe zu den älteſten
Bemühungen der Philoſophen, deren Schriften
uns geblieben ſind, mit zu zählende Unterſuchung
iſt auch jetzt wieder in beſondern Würdungen
und mit beſonderm Eifer im Ga   zum
großen Theil aber noch nicht zu,   racht.
Wie weit mich die fortgeſetzte L,   nung an
derſelben gebracht habe, gedenke an hier vor-
zulegen. Ob ſie etwas zur allgemeinern Aufklärung der Sache beytragen könne, muß ich
der Beurtheilung anderer überlaſſen. Vielleicht
wird ſie dazu wenigſtens etwas beytragen, daß
die Bedingungen und Schwierigkeiten genau beſtimmter Begriffe und Urtheile manchen bemerk-
licher werden; und alſo auch die Anſprüche auf
dieſelben gemäßigter, die Urtheile über den
Mangel derſelben billiger.

Meine letzte Abſicht hieben geht auf Beſtimmtheit (finitio) der Begriffe. Aber da
hievon

hievon nicht kann gehandelt werden, wenn nicht zuvor die Gründe, aus welchen die Bestimmungen (determinationes) oder Bestandtheile der Begriffe entspringen, ausgemacht sind: so muß also die Untersuchung mit diesen anfangen.

§. 2. Bestimmtheit, Vollständigkeit, Präcision und Willkührlichkeit der Begriffe.

Auf den Innhalt und Umfang der Begriffe beziehen sich vier Prädicate, die ihnen deswegen ertheilt oder abgesprochen werden; nemlich die der Bestimmtheit, Vollständigkeit, ſion und Willkührlichkeit. Beſtim   einem Begriff zugeschrieben, in sofern   ist, wie weit sein Innhalt sich erſt.   viel er in sich fasse. Dieser Beſtimmtheit wird das Schwankende oder Unbestimmte entgegen gesetzt. Wer noch nicht bemerkt hätte, wie sehr es den gemeinsten Begriffen an Bestimmtheit fehle: dürfte zur Probe nur vornehmen die Begriffe von Schlafen, Wachen, Stehen, Sitzen, Liegen, Essen, Trinken, Tod und Leben. Ohne viele Mühe wird er sich Fälle vorstellen können, oder in wirklicher Erfahrung vorfinden, wo es lange zweifelhaft bleiben kann, unter welchen der einander entgegenstehenden Begriffe sie gehören: und wohin sich die Mat...

erſt über genauere Beſtimmungen und Unterſcheidungen bey dem einen oder dem andern
Begriff mit einander einig zu werden, ehe es
zur Unterordnung des vorliegenden Falles kommen
kann. Ob aber dieſe Vereinigung zur genauern Beſtimmung des Begriffes überall leicht
zu bewirken ſey; wird ſich in der Folge zeigen.

Vollſtändig iſt ein Begriff, wenn er alles
enthält, was er enthalten ſoll; und präcis
(rein, nett) wenn alles, was beſſer abgeſon-
dert, als mit zu einem Begriff verbunden wird,
alles heterogene und überflüßige genau abge-
ſondert, gleichſam abgeſchnitten iſt. Der Begriff vom Genie wäre unvollſtändig, einſeitig,
wenn man dabey nur Lebhaftigkeit der Einbil-
bungskraft, oder nur Vollkommen   : Beurtheilungskraft dächte; da b   n Genie
erfordert werden. Aber wenn d   Verbindung
dieſer beyden Vorſtellungen der Begriff vom
Genie vollſtändig wird: ſo wird er dadurch doch
noch nicht genau beſtimmt; ſo lange der Grad
der Lebhaftigkeit der Imagination und der Güte
der Beurtheilungskraft, bey welchem das Genie
anfängt, nicht angezeigt iſt. Gegen die Präci-
ſion eben dieſes Begriffes ſcheint es mir zu ſeyn,
wenn man zu den Beſtimmungen oder Merkmalen des Genies ſogleich auch Ungelehrigkeit,
Vernachläſſigung der Regelmäßigkeit, Eigen-
thümlichkeit der Laune und Sitten, Eingeſchränkt-
heit auf eine gewiſſe Art von Geiſtesbeſchäfti-
gung,

gung, oder dergleichen etwas mit rechnet. Denn
geſetzt auch, daß ſich die Allgemeinheit dieſer
Eigenſchaften bey dem, was nach dem zweck-
mäßigſten oder einſtimmigſten Sprachgebrauch
Genie heißt, erweiſen ließe, welches mir nicht
ſo ſcheint: ſo wäre doch die Einmengung in den
Grundbegriff nicht rathſam; eben darum weil
dieſe Eigenſchaften erwieſen werden müſſen, ſtrei-
tiges aber in die Grundbegriffe einzumiſchen,
nicht gut iſt.

Aber der Begriff von Vollſtändigkeit, auf
den es hier ankömmt, iſt ſelbſt einer von den
Begriffen, die bald mehr bald weniger enthalten und erfordern. Denn es kömmt dabey an
auf das, was da ſeyn ſoll; und, was alſo ins-
beſont　Vollſtändigkeit der Begriffe anbelangt　e enthalten ſollen. Wo die Ge-
genſtän　. Begriffen ſelbſt verſchieden
und unabhängig von ihnen vorhanden ſind: da
iſt wohl leicht klar, daß abſolute Vollſtändigkeit dieſen nnr alsdenn zukäme, wenn alles,
was im Gegenſtande iſt, in ihnen ſich zu erkennen gäbe. Und ob eine ſolche abſolute Vollſtändigkeit unſern Begriffen von den Dingen
in der Welt, unſerer eignen Natur, Leib und
Seele, zukomme: kann wohl für Niemanden eine
Frage von zweifelhafter Antwort ſeyn, der Dinge
und Begriffe gehörig von einander unterſcheidet.
Wenn aber den Begriffen von eben dieſen Dingen Vollſtändigkeit zugeſchri-

schlechthin, sondern nur in gewissem Betrachte:
so kann dieß geschehen entweder in Hinsicht
auf die erweislichen Grenzen aller menschlichen
Erkenntniß; oder einer gewissen bereits vorhandenen Erkenntniß von denselben; oder in Hinsicht auf einen gewissen Zweck. Bey Sei e gesetzt den ersten Gesichtspunkt, unter welchem die
Angabe des vollständigen Innhaltes menschlicher Begriffe von den Dingen in der Welt,
Körpern und Geistern, deren Eigenschaften und
Verhältnissen, wenigstens nicht leicht scheinen
wird: so erhellet, daß in den beyden andern
Hinsichten die Bestimmung des Innhaltes der
Begriffe von veränderlichen Bedingungen abhänge. Fortrückende Kenntnisse in der Naturhistorie bringen fast alle Jahre mehrere solche
Veränderungen in den Begriffen b   : Man
erweitert einen Begriff, läßt eine seiner bisherigen Bestimmungen weg; um ein neuentdeck-
tes Naturproduct noch mit darunter aufnehmen
zu können; weil man keine neue Classe (Art)
darum ansetzen will, und es sonst nicht schicklicher unterzubringen weiß. Oder man findet
es nöthig, noch eine Bestimmung hinzuzusetzen,
weil sich gefunden hat, daß alle bisherigen
Merkmale desselben bisweilen auch bey einer
angrenzenden Classe vorkommen, die doch unterschieden werden soll. Nach besondern, wenn
auch unleugbar wissenschaftlichen, Zwecken bestimmt, kann der Innhalt der Begriffe nicht
weniger

weniger veränderlich seyn. Der Grundbegriff, mit welchem die Untersuchung oder Belehrung anfängt, darf gar oft manche Bestimmung noch nicht enthalten, die am Ende einen Theil des Lehrbegriffes ausmachet. Eben also erfordert es die Präcision, daß in den wissenschaftlichen Begriffen getheilt und abgesondert wird, was in der Natur immer oder insgemein beysammen ist; wie wenn man in den Begriffen Gedächtniß und Erinnerungsvermögen, oder Empfindung und sinnliche Vorstellung unterscheidet.

Schon läßt sich absehen, wie fern die Begriffe willkürlich bestimmt werden können; welches nicht nur in manchen einzelnen Fällen als wirklich angemerkt wird, sondern auch in dem bekannten Verba valent sicut nummi, und selbst in dem logischen Satze, daß die Definitionen willkürlich seyn, gebilligt zu werden scheint. So fern es nur darauf ankömmt Vorstellungen zu haben, und das Mannigfaltige derselben mittelst eines Wortes zu verbinden und erwecklich zu machen; ist es willkürlich, wie vieles man zu einem Begriff zusammen nehmen, und an welches Wort oder anderes Zeichen man es anknüpfen will. Denn zu einem Begriff verbinden läßt sich gar vieles und mancherley; und zwischen den Begriffen und gewissen Worten als Zeichen derselben ist keine absolut nothwendi-

einen gegebenen Gegenstand passen, also auch so
fern sie enthalten sollen, was zur Erreichung einer vorliegenden Absicht nöthig ist, also auch so
fern die allgemeine Absicht, Erkenntniß durch
sie zu befördern, Irthümern, Verwirrungen
und Mißverständnissen auszuweichen, dabey
vielmehr erleichtert, als erschwert werden soll: ist
ihr Innhalt und ihre Bezeichnung nicht mehr
willkürlich. So ist es beym Begriff vom Verstand, wenn er seinen Gegenstand im Menschen
haben soll; beym Begriff von Gott, wenn er
Religion, Ehrfurcht und Vertrauen gründen soll.
So würde es nicht wohlgethan seyn, wenn man
alles, was nicht völlig evident und geometrisch
gewiß ist, nicht mehr, wie bisher, Wahrheit, sondern überall nur wahrscheinlich oder vermuthlich
nennen wollte; weil bey diesem Sprachgebrauch
das nachtheiligste Misverständniß zu befürchten
ist; hingegen was bey dem angenommenen
Sprachgebrauch genauere Unterscheidung erfordert, mittelst der Beywörter **höchst gewisse**
nnd **moralisch gewisse** Wahrheit, oder auf andere Weise, zweckmäßig genug unterschieden werden kann.

I.

I. Gründe, aus welchen die Bestimmungen der Begriffe entspringen.

§. 3. Objective und subjective Gründe, wie sie sich, vermöge des Grundbegriffes vom Verstande, unterscheiden lassen.

Wenn man unter dem Verstande das Vermögen sich etwas vorzustellen sich denkt — und weniger kann man zu diesem Begriff doch nicht nehmen — so unterscheidet sich dabey dreyerley deutlich von einander. Nemlich Etwas, was der Verstand sich vorstellt oder vorstellen soll, der Gegenstand; die Vorstellung davon; und der Verstand, als das Subject, dem diese Vorstellung zukommt, oder zukommen soll. Und ob wir gleich wohl wissen, daß der Verstand sich selbst, und daß ihm seine Vorstellungen Gegenstand seines Nachdenkens, seiner Beachtung und Beurtheilung, seyn können: so bleibt doch jene Unterscheidung des Gegenstandes, der Vorstellung, und des Subjectes der Vorstellung immer unzweifelhaft, wie unbegreiflich sie auch werden mag. Aber nicht nur ist der Verstand überhaupt genöthigt, sich selbst, die Gegenstände die er sich vorstellt, und seine Beschäftigung mit diesen Gegenständen zu unterscheiden: sondern er unterscheidet auch seine Vorstellungen, ob sie ihm gleich auch Gegenstände

häupt ſich und alles was in ihm iſt, von ſolchen
Gegenſtänden, die er überall nicht zu ſich
und ſeinen Vorſtellungen rechnen kann. So
unterſcheiden wenigſtens auſſer der Schule alle
Menſchen, von ſich, in ſo fern ſie denken und
wollen, und von ihren Vorſtellungen, ihren
Körper, und mehrere Dinge außer dieſem ihren Körper, mit dem Namen wirklicher von
bloßen Vorſtellungen verſchiedener Dinge. Und
ſo lange nicht gezeigt werden kann, daß dieſe
Unterſcheidung ein Irrthum iſt, und auf einer
Täuſchung beruht; wie etwa die Meynung, daß
die Sonne wirklich ſich um die Erde, ſo wie es
uns ſcheint, bewege, und die Erde ruhe; ſo lange
nicht begreiflich gemacht werden kann, wie der
Verſtand zu ſolch einer Unterſcheidung ſich genöthigt ſcheinen könne, ohnerachtet alles, womit er es zu thun hat, weiter nichts als bloße
Vorſtellung in ihm iſt; gleichwie ſich ſehr leicht
begreiflich machen läßt, wie ein Körper ſcheinen
könne ſich zu bewegen, welcher ruht, indem ein
anderer ſich bewegt, auf dem wir uns befinden:
ſo werden wir jene Unterſcheidung zum Grunde
der weitern Aufklärung der Beſchäftigungen unſers Verſtandes legen dürfen.

Und alles dieſes vorausgeſetzt, leuchtet es auch
bald ein, warum der Verſtand ſich auch nicht
für die einzige Urſache aller ſeiner Vorſtellungen und ihrer Beſchaffenheiten halten könne;
ſondern den Grund davon theils überhaupt außer
ſich,

sich, theils auch abhängig von dem Daseyn
und den Beschaffenheiten der Gegenstände, die
er von sich und seinen Vorstellungen unterscheidet, annehmen müsse. Denn so wie er sich selbst
und sein Wollen und Nichtwollen, sein Streben
und Widerstreben, so wie er sich und seine Zu-
stände von den Dingen außer ihm, und den
Verhältnissen derselben unter einander und gegen
das Wollen und Denken in ihm, unterscheidet:
so sieht er sich auch genöthiget Gründe und Bedingungen seiner Vorstellungen außer sich, und
außer dem zu einem Subjecte des Bewußtseyns
mit ihm vereinigten Willen, anzunehmen. Wenn
nicht hervorbringende **Gründe**, wenigstens **Be-**
dingungen, ohne die sie ihm nicht entstehn
und zum Bewußtseyn kommen würden.

Und soweit scheinen nun auch alle oder doch
die meisten Philosophen mit einander einig zu
seyn, bey der Frage vom Grund und Ursprung
der Begriffe; daß sie wenigstens zum Theil die
Gründe und Bedingungen unserer Vorstellungen,
so fern sie sich im Verstande wirklich äußern und
auf Gegenstände bezogen werden, in den Beschaffenheiten und Verhältnissen der Gegenstände; also **objective Gründe** und **Bedingun-**
gen anerkennen. Auf der andern Seite aber
entdecken sich auch leicht unwidersprechliche Gründe zur Behauptung, daß nicht in den Beschaffenheiten und Verhältnissen der Gegenstände al-

nen; sondern daß sie zum Theil in der Natur
des Verstandes, und überhaupt des von den
Gegenständen unterschiedenen und durch sie bey
seinen Vorstellungen zu bestimmenden Subjectes
angenommen werden müssen. Denn wenn ein
Ding durch ein anderes nur anders bestimmt,
nicht aus nichts hervorgebracht wird: so ist nicht
denkbar, wie dasjenige was in ihm hervorgebracht wird, nicht nach dem Positiven, was es
bereits hat und behält, sich richten, und dadurch
einigermaßen bestimmt werden müsse. Selbst
bey der Beschreibung einer Tafel — dem oft
gebrauchten Gleichnisse bey der am weitesten ge-
triebenen Behauptung des äusserlichen Grundes
der Vorstellungen — hängt die Form und Beschaffenheit dessen, was darauf geschrieben wird,
von den Beschaffenheiten der Tafel immer mit
ab. Und der Verstand verhält sich nicht so
leidend bey seinen Vorstellungen, wie eine Tafel
oder ein Spiegel. Als Vermögen sich etwas
vorzustellen, muß er sich selbst mit seinen Vorstellungen beschäftigen. Und daß er das thue,
sagt uns das Bewußtseyn. Also in der Vollkommenheit und in den Einschränkungen des
Verstandes, und den Gesetzen, denen er bey der
Empfängniß seiner Vorstellungen unterworfen
ist, desgleichen in allen übrigen Kräften, Einschränkungen und Gesetzen desselben Subjectes,
dem dieser Verstand zukömmt, in so fern sie auf
das Empfängniß der Vorstellungen und die Be-
schäfti-

ſchäftigung des Verſtandes mit ihnen Einfluß
haben, müſſen ſubjective Gründe der Vorſtellungen nothwendig angenommen werden.

§. 4. Subjective Gründe. Erweiterter Be-griff vom Verſtand, ſtreitige Beſtimmun-gen deſſelben.

Die ſubjectiven Gründe der Begriffe laſſen
ſich eintheilen in Hinſicht auf die Vorſtellungen,
die durch ſie beſtimmt werden, ob es Grund-
vorſtellungen oder abgeleitete, durch Abſonderung und Verbindung aus jenen entſtanden ſeyn;
und auch in Hinſicht auf die Weiſe, wie ſie
ſelbſt dem Subjecte zukommen. Wir können der
letzten Eintheilung ſo nachgehn, daß was in der
erſten Hinſicht zu erwägen iſt, mit in die Betrachtung kommt. Alſo müſſen ſubiective Gründe der Begriffe anerkannt werden

1) Im Verſtande ſelbſt, als dem Vermögen ſich etwas vorzuſtellen. Und ein offenbarer
ſolcher Grund, einleuchtend aus den Begriffen,
iſt das allgemeinſte Grundgeſetz des Verſtandes,
daß alles was ſich der Verſtand zuſammen vorſtellen ſoll, vom Widerſpruch frey ſeyn, nicht
aus Theilen, die einander aufheben, beſtehen müſſe.
Denn wo eins das andere aufhebt, bleibt nichts.
Alſo kann es in keinem Verſtande irgend Vor-

gen einander widersprechen, und aufheben. Dieß
Gesetz gilt also nicht nur von allen Vorstellungen, welche und in so weit sie der Verstand
empfängt, dergestalt daß gesagt werden kann,
der Verstand mache dieß zum Gesetz für alles,
was ihm Gegenstand werden soll; sondern eben
diesem Gesetz ist er auch unterworfen, wenn er,
durch was irgend für Triebfedern erweckt, selbst-
thätig seine Vorstellungen verändert und neue
hervorbringt. Und aus diesem Grundgesetze
lassen sich in bestimmter Beziehung unzählige
andere Gesetze ableiten; am unmittelbarsten die
drey folgenden.

a) Das allgemeine Gesetz des Urtheilens,
oder wie man es auch nennen kann, das logi-
sche Gesetz des Grundes: daß der Verstand
nicht kann urtheilen anders als nach der Beschaffenheit seiner Begriffe, die er im Urtheil verbindet oder trennet. Denn da urtheilen soviel
ist als ein Verhältniß, der Uebereinstimmung
oder Nichtübereinstimmung, zwischen Begriffen
bemerken; das Verhältniß sich aber nach der
Beschaffenheit der Begriffe richtet, und dadurch
als durch seinen Grund bestimmt wird: so würde
der Verstand bemerken müssen, was er nicht
bemerkt, Begriffe haben müssen, die er nicht hat —
welches widersprechend ist — wenn er ohne diesen
wesentlichen Grund des Urtheils, oder wider
denselben, sollte urtheilen können. b) Der Satz,
daß von zwey contradictorisch entgegengesetzten

Bestim-

Beſtimmungen, einer jeden Sache, alſo jedem Begriff, die eine zukommen. müſſe, wenn ihm die andere nicht zukömmt (*Princip. excluſ. medii*). c) Der **Grundſatz** aller mittelbaren Urtheile, aller **Schlüſſe**: Nota notae eſt, etiam nota rei ipſius, nach einer **Kantiſchen Formel,** deren Einſtimmigkeit mit andern bekannten Formeln ſich leicht einſehen läßt.

Ob hiemit alle im Verſtande ſelbſt liegenden Gründe ſeiner Begriffe angegeben ſeyn; ſoll noch nicht entſchieden werden. Es kann dieſes vielleicht ſicherer geſchehen, wenn erſt die andern unzweifelhaft ſubjectiven und objectiven Gründe derſelben erwogen ſind. Und zu den ſubjectiven gehört unleugbar auch

a) Der **Wille** oder das **Begehrungsvermögen** mit ſeinen Geſetzen. Ausgemacht hiebey iſt, daß dem Willen einiges an ſich Gegenſtand des Wollens und Nichtwollens iſt; einiges **wegen ſeiner Beziehung** auf etwas anderes, als demſelben zuträglich oder hinderlich, als nützlich oder ſchädlich; daß er einiges ſchlechterdings, bey jeder Beziehung will oder nicht will, einiges aber nur in ſo fern es nicht dem entgegen iſt, was er ſtärker begehrt oder verabſcheuet; daß er alſo das kleinere Gut nicht mehr wollen kann, ſo fern es einem größern hinderlich iſt, und das kleinere Uebel will, in ſo fern nur dadurch ein

mache darf ich wohl hier auch dieß noch annehmen, daß zwar die Beschäftigungen des Verstandes, Vorstellungen haben und sie zum Urtheilen anwenden, und jede Vollkommenheit der
Vorstellungen und des Denkens, an sich schon
ein Gegenstand des Wohlgefallens und Bestre-
bens sind; doch aber nicht die einzigen unmittelbaren Gegenstände des Willens; daß sie es aber
auch wegen ihrer Beziehung auf andere wichtige Zwecke seyn müssen und oft sind; weil von
der Beschaffenheit der Vorstellungen und der
Urtheile unser ganzes willkührliches Verhalten
mit seinen Folgen hauptsächlich abhängt. Hieraus folgt nun, daß nicht nur überhaupt das
Begehrungsvermögen auf die Beschäftigungen
des Verstandes mit den Vorstellungen, und also
auf die Vorstellungen selbst, in so fern sie durch
den Verstand modificirt werden, Einfluß haben
müsse, was gemein bekannt ist; sondern auch,
was bey der angefangenen Untersuchung insbesondere von größter Wichtigkeit ist, daß der
Wille machen könne, daß der Verstand durch
Gründe sich bestimmen lässet, die zwar seinen
eigenen Gesetzen **nicht schlechterdings zu-
wider** sind, welches unmöglich wäre, aber die
doch für sich allein, ohne Mitwirkung des Willens und sei er Gesetze, **nicht zureichend seyn**
würden den Verstand zu bestimmen. Und ein-
willigen in dieses Verfahren des Willens, oder
sich bestimmen lassen nach dessen Gesetzen
muß

muß der Verſtand, vermöge ſeiner eignen Begriffe und Geſeße; wenn und in ſo fern er es für beſſer erkennet, durch ſolche, für ſich allein nicht, ſondern in Verbindung mit den Geſeßen des Willens, zureichend wirkſame Gründe ſich beſtimmen zu laſſen. Er würde außerdem doch mit ſich ſelbſt in Widerſpruch kommen; wenn er dem ſich widerſeßte, was er für gut erkannt hat, für das Beſte, unter den vorliegenden Umſtänden. Die Vernunft, oder der Verſtand in ſo fern er alle Urtheile mit einander verbindet und einander unterordnet, kann dieß nicht; kann nicht dem ſich widerſeßen, oder das verwerfen, was ſie für gut erklärt in Hinſicht auf das ganze Subject und alle ſeine Verhältniſſe zuſammen genommen. Auch kann der Verſtand ſein ganz eigenes und abſolut intellectuelles oder theoretiſches Intereſſe bey dieſer Nachgiebigkeit gegen die Geſeße des Willens noch wohl behaupten und bewahren; wenn er ſich nur immer das Bewußtſeyn erhält, was für Gründe es ſind, die ihn beſtimmen; und von welcher Art alſo das Urtheil iſt, zu welchem ſie ihn beſtimmen.

In dem bisherigen liegt alſo der Grundſaß: daß der Verſtand nicht nur überhaupt durch den Einfluß des Willens ſich beſtimmen läßt, ſondern daß es auch ſeinen eigenen Geſeßen gemäß iſt, durch Gründe, die in Beziehung auf ihn

men zu laſſen, da wo, und ſo weit als es den Grund-
geſetzen des Willens oder der praktiſchen
Vernunft gemäß iſt.   Und dieſer Grundſatz
giebt Aufſchluß über den Grund einer unüber-
ſehbaren Menge von Urtheilen und Denkarten,
nicht nur des gemeinen Lebens, ſondern auch in
den Wiſſenſchaften.   Ich will nur etliche der
wichtigſten und für die Fortſetzung unſerer Unterſuchung unentbehrlichſten angeben.

a) Da die Beſchäftigungen des Verſtandes und
jedwede Vollkommenheit derſelben, folglich auch
Vollſtändigkeit und Zuſammenhang der Begriffe und Urtheile, theils unmittelbar theils
mittelbarer Weiſe ein Gegenſtand des Wohlgefallens und Beſtrebens ſind: ſo kann ſich der
Verſtand ſchon dadurch zur Verbindung ſolcher
Begriffe beſtimmen laſſen, die Uebereinſtimmung zeigen, aber weder durch völlig ein-
leuchtende Jdendität nach ſonſt einen an
ſich völlig entſcheidenden Grund ihn nothwendig
dazu beſtimmen.   Ein ſolches Verhältniß der
Uebereinſtimmung findet ſich bey den Begriffen
von Uebereinſtimmung vieler Erfolge,
und Geſetz-oder Regelmäßigkeit; desgleichen bey den Begriffen von Regelmäßigkeit
und Verſtand.

b) Da unſere Erhaltung und Vervollkom-
nung und überhaupt die Erreichung von Abſichten, die durch die Natur unſers Willens unab-
änderlich beſtimmt ſind, in vielen Fällen, Hand-

lungen

lungen und Entſchließungen erfordern, ob
gleich wir nicht die Unmöglichkeit einſehen,
daß die Gegenſtände dieſer Entſchließungen und
Handlungen anders beſchaffen ſeyn, als wir ſie
uns vorſtellen: ſo iſt es alſo Geſetz für den Verſtand, ſo fern er vom Willen abhängt, diejenigen Gründe für **praktiſch zureichend** zu
erkennen, denen wir folgen müſſen, wenn wir
nicht unentſchloſſener und unthätiger ſeyn wollen,
als es den Geſetzen des Willens gemäß iſt;
und einer ſolchen Wirkſamkeit dieſer Gründe
ſich nicht darum mit Zweifeln zu widerſetzen,
weil ſie ihm, nach ſeinen eigenen Geſetzen, das
Urtheil nicht ſchlechterdings nothwendig machen.

c) Bin ich nun vielleicht im Stande, deutlicher, als es mir bisher gelungen iſt, den Grund
anzugeben, weswegen, nach meiner Einſicht,
unſere Vernunft den **Hauptſatz der Cauſſalität** annimmt und annehmen muß; daß
Nichts ohne Urſache geſchehe. Nemlich
a) Iſt zum entgegengeſetzten Satze, daß einiges oder etwas in der Folge der Begebenheiten
geſchehen könne, ohne Urſache, ohne durch das
Vorhergehende beſtimmt zu werden, kein Grund
in unſerer ganzen Erkenntriß. Denn das
Nichtwahrnehmen des Cauſſalzuſammen-
hanges in den einen Fällen iſt nicht eben ſo
Grund zur Behauptung, daß kein ſolcher Zuſammenhang da ſey, als die Wahrnehmung deſſelben in ſo vielen andern Fällen zur Beha-

tung, daß er da iſt; um ſo weniger jenes, da
genauere Unterſuchung ſo vielfältig ſchon tiefen
Zuſammenhang offenbar gemacht hat, wo er
anfangs ſich nicht zeigte. β) Findet ſich hiebey eine ſo große und mannichfaltige Uebereinſtimmung unter unſern Vorſtellungen, daß der
Begriff von **Geſetz** und **Nothwendigkeit**
dem Verſtande viel mehr entſtehen muß, als
der entgegenſtehende des **Zufalls.** Beſtändi-
ger Zufall, regelmäßiger Zufall, iſt eine, wenn
nicht ganz widerſprechende, doch gewiß äußerſt unnatürliche Verbindung von Begriffen. γ)
Setzt nicht nur das **vernünftige Handeln**
oder die praktiſche Vernunft, ſchon den Begriffen nach, Cauſſalzuſammenhang voraus;
weil jedes Verhalten gleichgültig wäre, da wo
die Erfolge nicht durch Gründe beſtimmt würden, nicht von Geſetzen, ſondern ganz vom
Zufall abhingen: ſondern die entgegenſtehende
Vorausſetzung würde, als Grundſatz des
Verhaltens betrachtet, ſogleich den Willen em-
pören, wegen Bewußtſeyn des Gegentheils,
welches durch ſo viele Erfahrungen ſchon begründet iſt, oder wenn es einer verleugnen oder ver-
achten wollte, mittelſt unangenehmer Erfahrungen, ſich gar bald wieder aufdringen würde. Die
Frage vom Urſprung des **Begriffs** von Cauſſalität, kann, wie mich dünkt, hiebey ganz bey
Seite geſetzt werden; da es nur auf den Grund
der Anwendung dieſes Begriffes zu jenem Haupt-
ſatze

ſatze ankömmt.   Und wenn auch der Begriff nicht
empiriſch, ſondern a priori im Verſtande wäre;
ſo wäre damit noch kein Grund vorhanden zur
Entſcheidung ob und in wie weit er bey den Erſcheinungen anwendbar ſey;   da auch der Verſtand,   ohne bejahende Anwendung dieſes Begriffes, noch vieles zu denken hätte.

d) Lieben wir alſo Hypotheſen, oder
ſolche Vorſtellungen,   mittelſt welcher wir Erſcheinungen unter das Geſetz der Cauſſalität bringen können; und überhaupt das Allgemeine
und Beſtimmte in den Vorſtellungen und Urtheilen, mehr als das Eingeſchränkte und Un-
beſtimmte; weil dieſes uns im Denken aufhält,
jenes aber den Fortgang im Denken erleichtert;
doch beydes nicht ohne Hinſicht auf · den Grad
der Uebereinſtimmung mit aller unſrer Erkenntniß; weil übereinſtimmen und gegründet
ſeyn immer das höchſte Geſetz des Verſtandes bleibt.

Kurz, und in den bekannteſten Ausdrücken
zuſammen gefaßt, heißt alles dieß ſo viel. Auch
Wahrſcheinlichkeit oder unvollſtändige
Erkenntniß der Wahrheit *) gilt dem Verſtande etwas; weil es doch Erkenntniß, beſſer
als gar nichts, und überwiegend gegründete Er-

B 3   kennt-

---

*) Lambert nennt die Wahrſcheinlichkeit einen
    Bruch; und nach Wolfs Erklärung iſt es die-
    jenige Erkenntniß, die auf ein―――――

kenntniß iſt; und weil wir außerdem, weit mehr
als es unſere Natur verträgt, würden unthätig
und unentſchloſſen ſeyn, oder die verkehrteſten
und nachtheiligſten Entſchließungen faſſen müſſen.

3) Die **Imagination** mit ihren Grundſätzen. Sie iſt das Vermögen Vorſtellungen,
und in der eigentlichſten Bedeutung, ſinnliche
Vorſtellungen, von nicht gegenwärtigen Dingen hervorzubringen. Obgleich dem **Verſtande** die **Wahrnehmung** dieſer Vorſtellungen
und die dabey entſtehende **Erkenntniß** zukömmt, und er nebſt dem Willen vielen Einfluß auf die Imagination haben kann: ſo ſcheint
ſie doch von ihnen beyden weit weniger abhängig zu ſeyn, als von dem, was der Verſtand
noch mehr von ſich ſelbſt unterſcheidet, vom
Körper. Denn wie vieles thut ſie nicht ohne
und gegen unſern Willen? Und wie groß iſt
nicht der Einfluß des Körpers auf dieſelbe? Sie
hat unterdeſſen ihre eigenthümlichen Geſetze, nach
welchen ſie bereits in ihr gegründete Vorſtellungen hervorbringt; und ſolche theils den aus einer
andern Quelle entſtehenden Vorſtellungen zuge-
ſellt, theils ſie untereinander verbindet. Dieſe
ſind nemlich *) das Geſetz der **Aehnlichkeit** und
der vorhergehenden **Coexiſtenz** im Raum und
in der Zeit. Vermöge dieſer Geſetze verſtärkt
die.

*) Beyde laſſen ſich wohl auf das eine **Wolfiſche
Geſetz** bringen; aber die Deutlichkeit der Lehre
gewinnet durch die Unterſcheidung.

die Imagination und klärt auf die durch ſinnliche Eindrücke itzt entſtehenden Vorſtellungen,
indem ſie ſchon vorräthige ähnliche ihnen zuge-
ſellt, oder jene gleichſam an ſich und zu dieſen
hinzieht; vollendet ſie auch oft, indem ſie itzt
nicht mit vorſtellig gemachte, aber ſonſt dabey
vorgekommene Theile hinzuſetzt. Vermöge derſelben vereinigt ſie mit einander die gleichzeitigen
Vorſtellungen verſchiedener Sinne, und erzeugt
dadurch zuſammengeſetzte Vorſtellungen; kraft
deren wir nach und nach die Verhältniſſe der Körper zu den mehreren Sinnen uns denken lernen;
auch wenn nur einer derſelben afficirt wird. Sie
erhält aber nicht nur beyſammen die mittelſt des
ſinnlichen **Eindrucks** zuſammenkommenden
Theile der Vorſtellungen; ſondern bildet auch,
oder hilft bilden und erhalten, die aus **innerer**
Thätigkeit, durch Abſonderung des verſchiedenartigen und Zuſammenziehung des Einarti-
gen entſtehenden Vorſtellungen und Begriffe.
So entſtehen, vermöge dieſer, wie mechaniſch, wirkſamen Triebe und Geſetze der Einbildungskraft,
die **ſinnlich-allgemeinen Begriffe** (analoga
idearum generalium,) die **Gemeinbilder;**
dergleichen uns bey den Namen ſinnlicher Gegenſtände, z.B. Meer, Baum, Wald, Pferd,
insgemein nur entſtehen. Eben daher entſtehen
mancherley Gefühle und Willensäußerungen,
wie ſolche aus einzelnen und unveränderten ſinnlichen Vorſtellungen

nicht entstehen würden. Gefühle und Strebungen oder Widerstrebungen, gemäß den Zusammenwirkungen mehrerer Impressionen und Vorstellungen, in gewisse Verhältnissen; worauf sich die Begriffe von **Wahrheitsgefühl, Schönheitsgefühl** und **moralischem Gefühl** beziehen. Endlich auch die auf Vorstellung zwar sich gründenden, aber ohne Nachdenken und Bewußtseyn derselben das Verhalten bestimmenden **Fertigkeiten** u. d **Gewohnheitstriebe**, nebst der **Erwartung** des **Gewohnten** unter den begleitenden Umständen. Diese Wirkungen der Imagination stimmen freylich nicht so mit de Gesetzen und Absichten der Vernunft überein, daß wir uns auf jene ganz verlassen und sie der Aufsicht und Prüfung der letztern entziehen dürfen. Aber sie weichen doch auch nicht so von ihnen ab; daß nicht begreiflich wäre, wie sie in manchen Stücken der Vernunft zuvorkommen, bisweilen ihre Stelle vertreten, und überhaupt ihr Geschäfte auch erleichtern und befördern können. Abweichend von der Vernunft sind sie nemlich darinne, daß sie sich eben so wenig allein nach dem Grad der Aehnlichkeit oder Einartigkeit der Vorstellungen, als nach der **Menge** der eine Coexistenz der Gegenstände im Raum und in der Zeit vorstellig machenden Impressionen, richten; sondern eben so sehr oder überhaupt wohl noch mehr von der **Lebhaftigkeit** und **Erwecklichkeit** der Vorstellungen,

lungen, und daneben auch noch ſo ſehr von den
Einflüſſen des Körpers und mehreren zufälligen Umſtänden abhängen. Aber zuſam-
menſtimmend mit den Geſetzen der Vernunft
ſind doch die **Grundgeſetze der Imagination.**
Denn auch die Vernunft ordnet die Vorſtellungen ſowohl nach der Einartigkeit als nach den
Verhältniſſen der Gegenſtände im Raum und
in der Zeit. Wie insbeſondere beyde zuſammen die Erkenntniß des Cauſſalzuſammenhan-
ges bewirken, ſcheint mir hiebey nicht ſchwer zu
bemerken. Nicht ohne Grund hat man alſo
die Imagination ein **Analagon der Vernunft**
genannt *). Ueberhaupt beweiſet alles bisherige zur Gnüge, wie ſehr viel Grund von der

B 5　Be-

*) Wie insbeſondere auch den moraliſchen Verhält-
niſſen entſprechende Aeuſſerungen in kleinen Kin-
dern, ohne alle moraliſche Begriffe, aus dem Mechanismus der Imagination, beſonders dem Ge-
wohnheitstrieb entſtehen können; iſt ſchon oft angemerkt worden. Und ſolche Aeuſſerungen dieſes
Triebes geben ſich bisweilen ſo früh und ſo beſtimmt zu erkennen, daß ſie in Erſtaunen ſetzen.
Ich habe, auf eine für mich unzweifelhafte Weiſe,
an einem halbjährigen Kinde mehrmals beobachtet,
wenn es zu einer Zeit, wo dieß gewöhnlich nicht
geſchah, ruhig auf dem Schooße ſitzen, oder ſich
ankleiden laſſen ſollte, wie es ſeinen Widerwillen
auf das lebhafteſte und beſtimmteſte verrieth; da
es zur gewöhnlichen Zeit beydes ſich gefallen ließ.
Abweichung von der Regel kann alſo auch diejenigen unangenehm afficiren und zum Widerwillen
beſtimmen, die keinen Begriff von der Regel ha-

Beſchaffenheit und den verſchiedenen Beſtimmungen der Begriffe in der Imagination und ihren
Geſetzen zu ſuchen ſey.

4) Das **Gedächtniß** begreift die Imagination mit in ſich, ſo fern dieſe, nicht als Dich-
tungsvermögen neue Vorſtellungen erzeugt, ſondern nur die Gründe zuden ſchon vorhandenen
aufbewahrt; es erſtreckt ſich aber auch noch weiter als dieſe, in ſo fern als es nicht bloß ſinnliche Vorſtellungen, ſondern auch die Producte
des Verſtandes, Begriffe und die vom Verſtande bewirkten oder anerkannten Verbindungen derſelben, aufbewahrt. Die große Abhängigkeit des
Gedächtniſſes vom Körper iſt bekannt; und gründet widerum die Vermuthung, daß es, ſeiner
Natur nach, mehr mit dem Körper als mit dem
Erkenntnißvermögen verwandt, ein Theil der
innern Organiſation, vielleicht aber doch mit dem
Verſtande ſo **vereinigt** ſey, daß es ſich beym
Tode des ſichtbaren Körpers nicht von ihm trennt.
Wie dem aber auch ſeyn mag: ſo iſt ſo viel
außer Streit, daß auch bey der Wirkung des
Gedächtniſſes das **Erkennen**, und alſo auch
die **Erinnerung**, als Wiedererkennung ſchon
vorher gehabter Vorſtellungen, Sache des Verſtandes ſey; ingleichen daß der Verſtand auf
das Gedächtniß wirken, und ſeinen Innhalt und
deſſen Aeußerungen auf mannichfaltige Weiſe
beſtimmen könne. Eben ſo klar aber auch, daß
für alle Operationen des Verſtandes, insbeſondere
auch

auch für die Erzeugung und Ausbildung der
Begriffe, das Gedächtniß von gröſſeſter Wichtigkeit ſeyn müſſe.

5) **Sinnesvermögen.** Hiebey muß wiederum unterſchieden werden die **Erkenntniß**
des Verſtandes, von dem, was durch die Sinne
vorgeſtellt wird; und die ſinnliche oder empfind-
liche Organiſatien. Ausgemachte Geſetze der
letzten ſind, daß von der Beſchaffenheit des
äußern Organs, des Eindrucks in demſelben, der
Fortpflanzung bis ins Innerſte der Organiſation;
alſo auch dem Zuſtande der ganzen hiebey in Bewegung geſetzten Organiſation, die Beſchaffenheit der Empfindung und ſinnlichen Vorſtellung
abhänge. Aber wie der Gegenſtand dieſe
Modification im Organ hervorbringe, das Sicht-
bare mittelſt des Lichtes im Auge ſolch ein Bild;
wie der Eindruck im Aeußern bis ins Innerſte
fortgepflanzt, und wie da endlich Gefühl und
ſinnliche Vorſtellung in der Seele erzeugt werde; iſt noch niemand im Stande geweſen aus
allgemeinern phyſiſchen Grundſätzen gewiß und
beſtimmt anzugeben; und freylich das letztere
noch weniger als das erſte. Unterdeſſen wird
dadurch die Abhängigkeit des einen vom andern
nicht zweifelhaft.

6) **Aufmerkſamkeit.** Dieſe hat auf alles
bisher angezeigte Einfluß; ſteht aber auch unter dem Einfluß von allem. Denn

sinnlicher Eindrücke abhängige, und eine ver-
ständige, nach vorgestellten Zwecken sich rich-
tende Aufmerksamkeit; welches aber, so wie die
Wichtigkeit der Aufmerksamkeit, für die Erzeugung und Erhaltung der Vorstellungen und Begriffe, hier keine weitere Anzeige erfordert.

Aber bemerkt verdient hiebey noch zu werden, wie ganz anders der Begriff vom Verstande oder dem Erkenntnißvermögen und
der Denkkraft bestimmt werden würde; wenn
man mittelst eines dieser Namen zu einem Begriff zusammen fassen wollte, was ich bisher
unterschieden habe; wie ungleich mehr alsdenn
aus dem Wesen und den Gesetzen des Verstandes abgeleitet werden könnte.   Aber bey der Behauptung der Richtigkeit und Genauigkeit eines
solchen Begriffes, würde man sich erheblichen
Einwürfen aussetzen; vermöge dessen was vom
Verhältniß, in welchem diese verschiedenen Stücke der menschlichen Natur untereinander stehen,
die Erfahrung unleugbar macht, und im Vorhergehenden (Nr. 3—5) angedeutet worden ist.
Dagegen machen auf der andern Seite einige,
besonders Englische Philosophen, den Begriff
vom Verstande noch geschmeidiger; indem sie
alle Thätigkeit dem Willen zueignen, und den
Verstand als ein leidend sich verhaltendes Vermögen (passive power) betrachten.   Allein obgleich der Verstand, als Vermögen sich etwas
vorzustellen, in seinen verschiedenen Modificationen

tionen ſehr vom Willen ſowohl als von der Organiſation abhängig iſt: ſo kann Thätigkeit aus
eigenem Grunde und nach eigenen Geſetzen demſelben doch nicht abgeſprochen werden; ſowohl
um desjenigen willen, was die Behauptung eines ganz leidend ſich verhaltenden Vermögens
überhaupt, nach allen Analogien, wider ſich
hat; als wegen deſſen, was dem innerſten Gefühl und Bewußtſeyn, welches wir vom Verſtande haben, am gemäßeſten zu ſeyn ſcheint.
Am Ende kömmt es zwar nicht ſo ſehr darauf
an, wie vieles man unter einem Namen zuſammen begreift; als darauf, daß man nur nichts,
von allem dem, was zuſammen gewiſſe Wirkungen hervorbringt, überſieht; oder die Verhältniſſe, in welchen es untereinander ſteht, anders ſich vorſtellt, als ſie wirklich ſind, d. h. bey
der genauſten Beachtung ſich zu erkennen geben.

§. 5. Objective Gründe der Begriffe.

Wie vieles man auch vom Daſeyn und den
Beſchaffenheiten unſrer Begriffe aus ſubjectiven
Gründen ableiten mag: ſo kann doch, wofern
nicht aller Unterſchied zwiſchen Objectivem und
Subjectivem ganz wegfallen ſoll, nicht geläugnet
werden, daß ſie ihren Grund zum Theil auch
in den Gegenſtänden haben. Es wird hiebey
aber freylich ein Unterſchied ſogleich ſich zu erkennen geben, zwiſchen ſolchen Begriffen, von
denen wir wiſſen, daß ſie einen entſprechenden

stand, mit welchem wir in Ansehung unserer
Erkenntniß in einem solchen Caussalzusammenhang stehen, vermöge dessen sich Grund des
Begriffes in ihm annehmen lässet; und denenje-
nigen, denen entweder gar nichts in der Wirklichkeit entspricht, oder deren Object doch noch
nicht in dem Verhältnisse mit uns sich befand,
daß es uns hätte afficiren können.

Von den erstern also kann man es, unter
der bereits angezeigten Bedingung, daß überhaupt die Unterscheidung des Objectiven und
Subjectiven bestehen soll, für ausgemacht annehmen, daß sie durch ihre Gegenstände, deren
Eigenschaften und Verhältnisse unter einander,
und zu uns, bestimmt werden. So bekommen
wir andere und andere Vorstellungen des Ge-
sichts, je nachdem die Gegenstände groß oder
klein, nah oder entfernt, so oder anders geformt,
gefärbt, und überhaupt im Sichtbaren beschaffen sind. So sind die Begriffe der Menschen
von der ganzen Natur, nach der Verschiedenheit ihres Aufenthaltes verschieden; anders beym
Grönländer, anders auf den milden und frucht-
baren Inseln der Südsee.

Und nicht nur der Innhalt, oder das Materielle der Vorstellungen, wird durch die Gegenstände bestimmt; sondern auch ihre formale
Beschaffenheit, Klarheit, Lebhaftigkeit, Deutlichkeit, Vollständigkeit und Bestimmtheit. So
wird wohl niemand leugnen, daß in der Be-
schaffen-

ſchaffenheit des Vortrages, dem einer zuhört, in
der Wahl der Worte, deren Ausſprache, in der
Conſtruction der Säße und Perioden, und in
der Ordnung des Ganzen der Grund liegen könne, weswegen mit mehr oder weniger Klarheit,
Deutlichkeit, Vollſtändigkeit und Beſtimmtheit,
Vorſtellungen davon im Zuhörer entſtehen.
Eben ſo kömmt es auf das Licht an, in welchem
die Gegenſtände erſcheinen, auf die Menge deſſen, was zugleich Eindruck macht, und den Grad
der Einartigkeit und Verſchiedenartigkeit, auf
Aehnlichkeit und Contraſt dieſer mehrern Gegenſtände; endlich eben ſowohl auf die relative
als abſolute Stärke, mit welcher die mehrern
Gegenſtände zugleich oder nach einander afficiren.
Aber ſo leicht als es in einigen Fällen zu
erkennen iſt, daß der Grund von der Beſchaffenheit der Vorſtellungen in den Obiecten liegt, iſt
es nicht in allen ausgemacht. Um ſich nun nicht
zu übereilen bey der Frage, ob und in wie fern
alle unſere Begriffe objectiven Grund haben;
muß mancherley vorher betrachtet und unterſchieden werden. Erſtlich haben wir im vorhergehenden (§. 3.) ſchon für ausgemacht angenommen, daß keine Vorſtellung ihren Grund ganz
allein im Objectiven habe; ſondern zum Theil
durch die Natur des Verſtandes eine jede beſtimmt werde. Dieß dürfte alſo auch nie ein
Einwurf gegen die Behauptung ſeyn, daß eine

es gewiß ist, daß sie nicht allein aus diesem
Grunde, so wie sie ist, entstanden seyn könne;
weil dieser Einwurf alle Vorstellungen träfe, und
also bey keiner mehr objectiver Grund behauptet
werden könnte. Aber um alle Misverstä bniffe
abzuhalten, müssen auch die mehrern Bedeutungen unterschieden werden, die man dem Aus-
drucke, objectiven Grund haben, beylegen
könnte. Er möchte a) vielleicht manchem so
viel sagen, als ein entsprechendes Object haben,
und in einem solchen Idealverhältniß damit
stehen, daß die Theile und Verhältnisse dessen,
was der Verstand als Object unterscheidet, mit
dem, was ihm Begriff ist, in seinen Theilen und
deren Verhältnissen übereinstimmten; der
letzte aus den ersten begriffen, oder idealisch
deducirt werden könnte; gesetzt auch daß in der
That nichts außer dem Verstande vorhanden wäre, oder daß doch alle seine Vorstellungen
aus ihm selbst, oder irgend einem einzigen und
einfachen Princip, entstünden. So kann nicht
nur der Leibnizianer objective Gründe bey
seinen Vorstellungen annehmen, und Begriffe
des Verstandes aus sinnlichen Vorstellungen de-
duciren; sondern auch der Idealist kann es;
so sehr auch beyde mit dem Ganzen ihrer Lehre
vom Ursprung der menschlichen Vorstellungen
dem Bewußtseyn oder der Sprache Gewalt an-
thun. Objectiver Grund kann für Vorstellungen behauptet werden b) in dem Sinne, daß man
annimmt,

annimmt, ohne Afficirung, und ohne Afficirung, die die Wirklichkeit eines Gegenstandes außer dem Verstande beweiset, würde keine
Vorstellung im Verstande zum Vorschein
oder zum Bewußtseyn kommen; indem
man zugleich annimmt, daß vor aller Afficirung
Vorstellungen und Begriffe im Verstande vorhanden seyn, nur aber durch Afficirung erst erweckt werden. In diesem Sinn wird von
einigen, die dieß letztere annehmen, so gar behauptet, daß durch Empfindungen oder Afficirung
der äußern Sinnen alle Vorstellungen entstehen, oder den Grund ihrer Erweckung zum Bewußtseyn in denselben haben; weil, wenn sie
gleich mit ihrem Inhalte, oder der näch-
sten Ursache ihrer Erweckung, auf innere Zu-
stände und Thätigkeiten sich bezögen, diese doch
selbst durch äußere Eindrücke erst erweckt oder veranlaßt würden. Endlich aber kann c) der Sinn
der seyn, daß die Vorstellungen, so fern sie objectiven Grund haben, von dem, was außer der
Vorstellung wirklich ist, ihr Daseyn, als von
ihrer Ursache erhalten haben. Woben aber
noch viele, bald genauer zu unterscheidende Fälle,
angenommen werden können. Und eben in diesem letzten Sinn ist die Frage hauptsächlich strei-
tig. Denn jene allen realen Zusammenhang,
zwischen dem Verstand und dem was außer ihm
wirklich ist, leugnenden oder zweifelhaft ma-

oder wenigſtens der gemeinen feſtgegründeten
Sprache, allzu viele Gewalt an, um lange Beyfall zu finden. Um nun die Streitfrage, beym
zuletzt angegebenen Sinn der Ausdrücke, noch
mehr ins Licht zu ſetzen; und beſonders auch in
Beziehung auf ſolche Vorſtellungen, bey welchen
am leichteſten der Zweifel gegen ihren objectiven
Grund entſtehen kann; iſt es nöthig, die vielerley Arten, wie unter der Mitwirkung des Verſtandes, und überhaupt der ſubjectiven Gründe, aus
objectiven Gründen, oder dem, was durch Einwirkung äußerlicher Urſachen im Verſtande hervorgebracht, ihm gegeben wird, Vorſtellungen
entſtehen können. Es kann ſolches geſchehen
1) durch **Abſonderung** eines Theils des durch
Afficirung zugleich gegebenen. Solche Abſonderungen nimmt nicht nur der Verſtand mit Bewußtſeyn und nach dem Erforderniß beſtimmter
Zwecke vor; ſondern auch ſchon die Einbildungskraft. Und zwar beyde nicht nur in Anſehung
der **Qualitäten,** daß von vielen zugleich
erſcheinenden Qualitäten die eine oder die
andere allein zum Inhalt und Gegenſtand einer
beſondern Vorſtellung gemacht wird; ſondern
auch in Anſehung der **Quantität;** daß nur ein
Theil, z. B. einer größern Ausdehnung, zur
Vorſtellung genommen wird. *) Und wenn
beyde,

*) Die Operationen, die in Anſehung der Größe der
Gegenſtände die Imagination vornimmt, indem ſie

beyde, Verſtand und Einbildungskraft, abſondern und dadurch, aus gegebenem Stoffe zwar,
aber doch neue, eigene, Vorſtellungen bilden
können; wie wollen wir die Grenzen beſtimmen,
bis zu welchen die eine oder der andere hiebey gehen kann; wenn nur noch immer genug übrig
bleibt, um irgend eine Vorſtellung zu geben?
Wenn der Verſtand aus mehr enthaltendem Stoffe
ſich den allgemeinen Begriff von einem Baum,
einer Pflanze, einem Körper bilden konnte;
warum nicht auch den Begriff von dem, was alle
Dinge, alle Gegenſtände mit einander gemein
haben, von einem **Dinge**, einem **Etwas**?

2) Durch Zuſätze. Daß Verſtand und
Einbildungskraft durch Verbindung einzeln gege-
bener Materialen Vorſtellungen erzeugen; iſt
überhaupt eben ſo gewiß, als daß ſie es durch
Abſonderung thun; und die Grenzen innerhalb welcher ſie dieſes können, ſind hier eben ſo wenig leicht
überſehen und ausgemeſſen. Was hiervon in einigen Fällen das Bewußtſeyn außer Zweifel ſetzt,
gründet wenigſtens die Vermuthung der Möglichkeit in Anſehung ſolcher Fälle, die das Be-

C 2   wußt-

___

ſie ſolche vergrößert oder verkleinert, können Nachdenken veranlaſſen. Ob auch dazu die Imagination durch gegebene Vorſtellungen zuerſt beſtimmt
werde; durch den bald größern bald kleinern Schatten eines und deſſelben Gegenſtandes, und andere
mit den ſinnlichen Wahrnehmungen, in Anſehung
der Größe ſich eräugnende Veränderungen; oder
was ſonſt ihren Mechanismus dahin beſtimme

wußtſeyn nicht mehr erreichen kann; da ſo viel
gewiß iſt, daß im Verſtande, oder wenigſtens
in der Einbildungskraft und im Gedächtniſſe,
vieles vorgieng, ehe das eigentliche Bewußtſeyn
in uns anfieng, und noch oft vorgeht, ohne daß
wir es bemerken; oder doch, und dieß giebt hier
dieſelbe Folge, ohne daß wir das nachherige Bewußtſeyn, die Erinnerung, davon haben.

3) **Durch Abſonderung und Zuſatz.**
Beydes muß zuſammen kommen, bey den allgemeinen Begriffen von der Natur oder dem Weſen der Dinge, wenn ſie aus ſinnlichen Wahrnehmungen entſtehen ſollen. Denn dieſe enthalten immer theils mehr, theils weniger als jene.
Jede ſinnliche Wahrnehmung von einem Menſchen iſt zu beſtimmt für den allgemeinen Begriff;
und keine enthält alles was dieſer Begriff in ſich
faßt. Je zuſammengeſetzter nun hierbey die
Operationen werden, deſto ſchwerer wird es auch
ihnen überall Schritt für Schritt zu folgen und
ſie genau auseinander zu ſetzen. Aber daß ſehr
viele und verſchiedene Begriffe auf dieſe Weiſe
aus empfangenem Stoffe gebildet werden können;
iſt doch ſehr begreiflich. Wie viele nicht, dadurch
daß der Verſtand den allgemeinen Begriff vom
Etwas (Nro. 1.) mit irgend andern Vorſtellungen verbindet? Wie viele durch die Verbindungen theils in äußern, theils in innern, Em-
findungen liegender Beſtandtheile? Daß ſolche
Verbindungen in allgemeinen Begriffen enthalten

ten ſeyn koͤnnen, zeigt ſich bey einigen derſelben
ſehr deutlich; z. B. wo die aus aͤußern Ein-
druͤcken entſtandenen Vorſtellungen von **Grund,
Quelle, Gewicht** u. ſ. w. mit Gege. ſtaͤnden
des innern Sinns verbunden ſind. Und welche
Menge von Begriffen kann nicht, dadurch entſtehen, daß der Verſtand ſich **Etwas** als **Grund**
oder **Quelle** von andern Gegenſtaͤnden ſeiner
Wahrnehmung denkt? Es iſt itzt nur die Frage
vom Urſprung der **Begriffe**, durch Abſonderung
und Verbindung, aus empfangenem Stoffe;
nicht von den Gruͤnden und Geſetzen, die den Verſtand bey dieſer Abſonderung und Verbindung
beſtimmen.

4) Durch Verbindung und Abſonderung kann
ſich der Verſtand insbeſondere auch Begriffe von
Verhaͤltniſſen bilden. Da dieß eine der wichtigſten und auch fuͤr die vorliegende Frage ſchwie-
rigſten Gattung von Begriffen iſt: ſo wird es
der Muͤhe werth ſeyn, genauer auseinander zu
ſetzen, und an einigen Beyſpielen bemerklich zu machen, wie dergleichen Begriffe aus ſinnlich vorge-
ſtelltem Stoffe entſtehen koͤnnen. Ein Verhaͤltniß
ſich vorſtellen heißt ſich vorſtellen, wie **eines zum
andern** ſich verhaͤlt. Der Begriff eines Ver-
haͤltniſſes ſetzt alſo allemal mehrere Vorſtellungen
voraus, die mit einander verbunden oder auf einander bezogen werden; wobey denn aber wiederum mancherley Vorſt...

der Begriff des Verhältniſſes entweder von beyden Seiten, in jeder ſeiner Beziehungen, einartige Beſtandtheile; oder andere Beſtimmungen
auf dieſer, andere auf jener Seite enthält. Von
erſterer Art iſt z. B. der Begriff von **Freund-
ſchaft,** deſſen **Urſprung** aus empiriſchem Stoffe
nicht bezweifelt werden wird, wie ſehr auch bisweilen ſeine Beſtimmungen idealiſirt ſeyn können.
Er enthält von beyden Seiten Liebe, und Verlangen nach Gegenliebe, nebſt Vertraulichkeit,
oder einem ſolchen Zutrauen, welches Zwang
und Zurückhaltung, wie ſie im gemeinen Verhältniſſe der Menſchen unter einander nöthig
ſcheinen, entfernet. Hingegen im Begriff des
Verhältniſſes zwiſchen **Herrn** und **Diener,
Obrigkeit** und **Unterthan,** liegen verſchiedene
Begriffe; auf der einen Seite der vom **Befeh-
len,** auf der andern der vom **Gehorchen,** oder
vom **Müſſen,** d. h. der Beſtimmung zur Ent-
ſchlieſſung gegen die Neigung, durch die Furcht
vor einem größern Uebel, welches außerdem der
andere zufügen könnte und würde, oder welches
ſonſt auch mit dem Ungehorſam verknüpft wäre.
Eben ſo beym Cauſſalverhältniß, dem Verhältniß zwiſchen Urſache und Wirkung, Grund und
Folge, dem Haltenden und dem Abhängigen;
und bey vielen andern. Aber neue Begriffe von
Verhältniſſen können auch entſtehen durch Abſonderung des Gemeinſchaftlichen mehrerer Verhältniſſe. Wenn die beſtimmten Verhältniſſe
darinne

darinne von einander ſich unterſcheiden, daß
dieſes Etwas auf jenes Etwas auf dieſe Weiſe
ſich beziehe: ſo iſt der allgemeine Begriff vom
Verhältniß daß Etwas auf Etwas auf irgend
eine Weiſe ſich beziehr. Und ſo hat die Logik
längſt, in der Lehre von den Urtheilen, alle Verhältniſſe unter die beyden allgemeinſten der Uebereinſtimmung und Nichtübereinſtim-
mung, oder des Seyns und Nichtſeyns beyſammen in einer Vorſtellung, gebracht.

5) Wie aus dem bisherigen ſich ſchon klar
ergiebt, daß aus gegebenem Stoffe Begriffe entſtehen können, denen keinen Gegenſtand in der
Wirklichkeit völlig entſpricht: ſo läßt ſich auch
bald einſehen, wie aus äußerlichen Gründen Vorſtellungen entſtehen können von ſolchen Gegenſtänden, die zwar wirklich, aber dem Subjecte,
welches dieſe Vorſtellungen hat, nie vorgekom-
men ſind. Nemlich durch Anwendung der Vorſtellungen von andern Gegenſtänden, unter der
Vorausſetzung der Einartigkeit dieſer und jener
in ihrem Innern oder in ihren Beziehungen.
Wo es denn nicht darauf ankömmt, wie verſchieden im Ganzen die Gegenſtände, von welchen
urſprünglich die Vorſtellungen ihrem Stoffe
nach herrühren, und diejenigen, auf welche ſie
angewendet werden, ſind: wenn nur, nach
allem dem, was der Verſtand, mittelſt ſeiner
Abſonderungen und Zuſammenſetzungen, daraus

dazu geſchickt ſind, dem Verſtande einen Gegenſtand nach ſeinen Eigenſchaften oder Verhältniſſen vorſtellig zu machen.   Eine unvoll-
kommenere Vorſtellungsart werden ſolche Vergleichungen und analogiſche Begriffe, wie man
ſie insgemein nennt, freylich wohl immer nur
geben, als die unmittelbare oder directe Anſchauung und Bekanntſchaft. Aber wenn man
ein wenig überlegt, was für einen großen Theil
von dem, was man menſchliche Erkenntniß, Gelehrſamkeit und Wiſſenſchaft nennt, dergleichen
Vorſtellungen ausmachen; Vorſtellungen von
Gegenſtänden, von denen man keine unmittelbare Erkenntniß je gehabt hat: ſo wird man es
doch bedenklich finden, die analogiſche Vorſtellungsart für gar keine Erkenntniß gelten zu laſſen.
Große Unterſchiede finden auch dabey Statt.
Nicht immer iſt die analogiſche Erkenntniß ſo
gut; wie wenn uns eine Vorſtellung von einem
Menſchen, den wir noch nicht geſehen haben, durch
mehrere getreue und genaue Beſchreibungen und
Vergleichungen verſchafft wird; den wir dadurch
ſchon für viele Abſichten hinreichend kennen lernen.   Aber auch nicht immer ſo unvollkommen,
wie die Vorſtellung, die ein Blinder von den
Farben, mittelſt der Vorſtellungen von den Tö-
nen, erlangen kann, wegen der Aehnlichkeit,
die in gewiſſen Wirkungen der einen und der andern Statt findet. Und doch — auch dieſe
äußerſt unvollkommene Kenntniß kann für den

Werth

Werth haben, dem die vollkommenere verſagt
iſt; und ohne Nachtheil für ihn ſeyn, wenn er
ſich ihrer Unvollkommenheit bewußt bleibt.

6) Trennen, abſondern, wegdenken, ver-
neinen muß der Verſtand oft, um zu ſeinen
Begriffen zu gelangen. Und durch Trennung
und Abſonderungen, die der Verſtand ſelbſt bewirkt, oder die auch ohne ihn bey ſeinen Gegenſtänden ſich ereignen, können alſo auch Vorſtellungen von dem was nicht iſt, und nichts iſt,
entſtehen. Es könnte zwar ein Widerſpruch zu
ſeyn ſcheinen, Vorſtellungen zu haben von dem
was nicht oder nichts iſt. Unterdeſſen denken
wir doch etwas bey dieſen und andern bloß ver-
neinenden Ausdrücken. Es zeigt ſich aber auch
bald, daß immer etwas poſitives dabey iſt, was
den Verſtand beſchäftiget, und zu denken giebt.
Man hat längſt in den Schulen dreyerley Nichts
unterſchieden; das Nichts, welches herauskömmt
wenn Vorſtellungen die ſich nicht vereinigen laſſen, zuſammengedacht werden ſollen; (Nihilum
repugnantiae) wo alſo das Poſitive nicht nur die
Ausdrücke, ſondern auch die einzelnen Vorſtellungen ſind, die ſich nicht in eine Vorſtellung
vereinigen laſſen; das Nichts der bloßen Verneinung; wie beym Ausdruck Niemand,
wo ein Prädicat von allen Menſchen negirt wird;
oder beym Ausdruck Nichts, wodurch alles

einer Realität, wo sie seyn könnte; wo also auch
Positives vom Positiven verneint, oder abgesondert vorgestellt wird. Da also bey den negativen Begriffen immer positives ist: so begreift
man leicht, wie solche Begriffe möglich sind;
und wie sie aus gegebenem Stoff entstehen können; z. E. die Begriffe die wie mit den Worten
Niemand, **Schatten**, als Abwesenheit des
Lichtes, nicht als beschatteter Körper, **Tod**, als
Wegseyn des Lebens, und andern dieser Art verknüpfen. Und ferner auch; wie theils Negatives theils Positives enthaltende Vorstellungen
von Gegenständen, die nicht afficirt haben, und
nicht afficiren können dennoch aus Afficirungen
abstammen können. Mir scheint wenigstens das
Negative des Begriffs vom Raum, oder daß
der Raum kein Ding ist, welches Kraft hat die
Sinnen zu afficiren, noch immer kein Grund zu
seyn, weswegen sich der empirische Ursprung dieses Begriffes nicht behaupten ließe. Denn das
Positive dieses Begriffes, die Vorstellung von
Ausdehnung, könnte aus dem erfüllten Raum,
oder von der Ausdehnung der Körper, entsprungen seyn; und die Negation oder Absonderung
des andern Positiven, welches den erfüllten
Raum, oder den Körper, vom bloßen oder leeren Raum unterscheidet, scheint hier keine mehrere Schwierigkeiten zu verursachen, als bey dem
Ursprung anderer Begriffe die Absonderung das
ihnen nicht zukommenden verursacht.

7)

7) Wenn man eingesehen hat, wie durch Negation aus vorhandenen Vorstellungen neue entstehen: so zeigt sich auch bald von selbst, wie mittelst des Gegensatzes, solches geschehen könne. Daß es oft geschehe, daran können auch die bekannten Sätze der Schulen erinnern: opposita iuxta se posita etc. oppositorum eadem est ratio in iis in quibus sibi non opponuntur, diuersa, in quibus etc. Vielleicht wird aber doch bey der Frage, vom Ursprung der Begriffe aus Gründen außer dem Verstande, an diese Entstehungsart nicht immer gedacht. Der Gegensatz kann hiebey, wie überhaupt, bloß verneinend seyn von der einen Seite (contradictorisch) oder aus conträren positiven Bestimmungen entstehen; welches sich aber nicht immer sogleich aus den Ausdrücken ergiebet, indem viele Ausdrücke ohne Verneinung doch nicht mehr bedeuten als andere verneinende. Es giebt einerley Begriff, ob wir sagen, eine freye, sich selbst überlassene, oder eine nicht durch eine andere zurückgehaltene oder angetriebene Kraft; einerley ob wir den Zustand eines Menschen bezeichnen mit den Worten, gezwungen, genöthigt seyn; oder mit den andern, nicht mit Willen, ohne und wider Willen wozu gekommen seyn, worinne verbleiben; einerley; ob wir sagen einfach, oder was aus k———— Theilen besteht, nicht zusa—
wie die n——

griffe entstehen können, wenn die positiven gegeben sind; scheint also nicht schwer zu begreifen. Mit allem dem soll und kann noch nicht entschieden werden; ob alle unsre Begriffe aus empirischem Stoffe bestehen oder aus objectivem Grunde entsprungen seyn. Aber so viel wird klar seyn, daß mittelst der einen oder der andren dieser angezeigten Entstehungsarten sehr viele, und von den eigentlichen Anschauungen oder sinnlichen Wahrnehmungen sehr verschiedene, Vorstellungen erzeugt werden können; mehrere als sich zum voraus bestimmen ließe, wenn man auch aufs genaueste die allgemeinen Gesetze kennte, an die der Verstand dabey gebunden ist.

§. 6. Einfluß der im gemeinen Umlauf befindlichen Begriffe, folglich der Sprachen, in die Bestimmung der Begriffe.

Daß ohne Hülfe gewisser Zeichen, dergleichen hauptsächlich die Worte sind, die zur Bildung der Begriffe nöthige Absonderung und Verknüpfung ihrer in den einzelnen Wahrnehmungen liegenden Bestandtheile nicht so leicht von Statten gehen würde, wie mittelst dieser Hülfe nun geschieht; giebt sich einem jeden bald zu erkennen. Aber daß wir uns gerade solcher Zeichen, wie unsre gemeinen Worte und Sprachen sind, bedienen; daß mittelst dieser gemeinschaftlichen Zeichen die Vorstellungen des einen Menschen

ſchen ſo leicht und manchfaltig ſich mit den Vorſtellungen eines andern verbinden können; dieß
hat mancherley vortheilhafte und nachtheilige
Einflüſſe auf die Bildung der Begriffe. Folgende verdienen hier beſonders angemerkt zu
werden.

1) Gewöhnt, bey **Worten Vorſtellungen**, von Dingen, Beſchaffenheiten, Zuſtänden oder Verhältniſſen, zu erlangen, bey Worten, die größtentheils in ſich ſelbſt ſo gar keinen
natürlichen Grund zu ſolchen mit ihnen zu ver-
bindenden Vorſtellungen enthalten; **und** ſo oft
in dem Falle, wo die Gegenſtände dieſer Vorſtellungen nicht wirklich vorhanden ſind, daß
dieſe aus ihnen, durch Anſchauung oder unmittelbare Wahrnehmung, entſtehen könnten —
ſucht der Menſch bey jedem Worte, das er hört
oder lieſt, nach der Vorſtellung, und nimmt
ſie — denn woher anders könnte er es unter dieſen Umſtänden? — aus ſeinem Ideenvorrathe,
ſo gut er kann. Schon ein ſehr ergiebiger
Grund zu verkehrten, einſeitigen, halb wahren,
überhaupt abweichenden Vorſtellungen.

2) Die bey der Unmöglichkeit, eine der Menge
und Manchfaltigkeit der Gegenſtände und der
darauf ſich beziehenden Vorſtellungen gleich kommende Menge von Worten zu haben, unvermeid-
liche, und noch durch andere Urſachen ſich ver-
mehrende **Vieldeutigkeit** der allermeiſten wenn

ter Grund zu solchen vom objectiven abweichenden
Bestimmungen der Begriffe. Der gemeinschaftliche Name macht, daß die Vorstellungen
verschiedener Dinge zusammenfließen, und ihre
Bestimmungen mit einander vermengen; eine
Quelle von unzähligen sonderbaren zum Theil
sehr bekannten Erscheinungen in der Geschichte
des menschlichen Verstandes und Willens.

3.) Nun die Namen, die aus offenbar fal-
schen, oder nur localen, temporalen, Vorstellungen entstanden, oder geflissentlich in der Absicht, andern, denen man sich nicht mittheilen
wollte, die richtigen Vorstellungen zu erschweren,
sie irre zu machen, gewählt worden sind; kurz
die Namen, die nach der primitiven, oder sonst
gewöhnlichen, Bedeutung ganz andere Vorstellungen erwecken müssen, als diejenigen, die den
Gegenständen, denen sie nun gegeben werden,
entsprechen; — müssen diese nicht erzeugen, verbreiten und unterhalten Vorstellungen im menschlichen Verstande, die ohne sie nicht da seyn würden? Die gemeine Sprache nicht nur, sondern
auch die naturhistorische, technische, medicini-
sche Sprache enthält nicht wenige Beyspiele dieser Art: *)

4)

---

*) Wenn noch keine solche Beyspiele bekannt sind;
kann sie fürs erste in den Namen Wachsruch, Ka-
meelgarn, Krähenaugen (als Namen der gif-
tigen Samenkörner einer Pflanze) Polyphem (als
dem Namen des moluckischen Krebses) im Schwitzen
der Wände und der Fenster, finden.

4) Ueberhaupt aber iſt der, hauptſächlich
durch die gemeinſchaftlichen Sprachen begrün-
dete, Zuſammenfluß und Umlauf der Vorſtellungen, ſo vieler Menſchen durch und unter einander, ohne Zweifel die vornehmſte Urſache, daß
die meiſten Menſchen ſolche Begriffe und Vorſtellungen haben, wie ſie haben. Nicht nach dem,
was jeder für ſich ſelbſt empfunden, beobachtet,
eingeſehen; ſondern nach dem, was er gehört,
geleſen hat, nach dem was andere empfunden,
oder ſich eingebildet, gedacht oder gerräumt haben, ſind — wer kann ſagen wie viele unſerer
Begriffe? — beſtimmt.

5) Endlich iſt die Abhängigkeit der Begriffe
von Worten auch die Urſache, daß Menſchen
ſich oft mit unvollſtändigen Begriffen begnügen,
oder auch widerſinnige Beſtimmungen anhäufen
und durch einander mengen; wie ſie nicht thun
würden, wenn nicht das ſinnliche Zeichen, der
Buchſtabe, der Ton, das Leere oder Unverein-
barliche der Vorſtellungen deckte.

§. 7. Was nach den vorhergehenden Unter-
ſuchungen noch dunkel und unentſchieden
bleibt.

Das meiſte von dem bisher vorgetragenen
konnte nur angezeigt, nicht ausgeführt werden,
innerhalb der Grenzen welche durch die Abſicht

ger läßt sich annehmen, daß alles schon beygebracht sey, was zur vollständigen Aufklärung
der einfachsten und letzen Gründe aller Bestimmungen unserer Begriffe erfordert würde. Eben
deswegen wagte ich auch noch keine Entscheidung
über die Frage, ob alle unsere Begriffe, ihrem
Inhalte nach, so wohl durch äußere als innere
Gründe bestimmt werden; oder ob vielmehr einige Vorstellungen und Begriffe einen solchen
subjectiven Grund im Erkenntnißvermögen haben,
daß sie, die Vorstellungen und Begriffe, vor
aller Afficirung, in demselben schon lagen, obgleich ohne Bewußtseyn? Und ich gestehe gern,
daß ich immer ungeneigter werde, hierüber zu
entscheiden; je länger ich mich damit beschäftige;
daß meine Dogmatik dabey sich immer enger
zusammenziehr. Auf der einen Seite nemlich
finde ich die directen Gründe für keine der entgegengesetzten Behauptungen entscheidend genug;
und auf der andern Seite zeigt sich mir auch noch
weniger als vormals ein solches Verhältniß der
einen oder der andern dieser Behauptungen, zu
andern ausgemachten Wahrheiten oder nothwendig beyzubehaltenden Grundsätzen, daß durch
indirecte Gründe die Entscheidung nothwendig
würde. So sehe ich z. B. nun wohl ein, daß
die Behauptung, die Vorstellung vom Raum
sey nicht empirischen Ursprungs, sondern vor
aller Empfindung, a priori, im Verstande,
nicht nothwendig zu der Folge führe, daß die
                                    Körper

Körper mit ſammt dem Raume bloße Vorſtellun=
gen oder Gedanken in unſerem Gemüthe ſeyn;
welche Folge, wie unſchädlich und gleichgültig
ſie auch für die moraliſchen Wahrheiten ſeyn
mag, doch nicht annehmlich iſt. Ich glaube,
daß man ſagen kann, die Vorſtellung vom
Raum ſey Form der Sinnlichkeit, oder noth=
wendiges Vorerforderniß zur deutlichen und
beſtimmtern Erkenntniß mittelſt der äußern
Sinne, — welches ich auch nie bezweifelt habe
— und hinzuſetzen kann, daß ſie, dieſe Vor=
ſtellung vom Raum, a priori in uns ſey; ohne
deswegen ſagen zu müſſen, daß der Raum
ſelbſt in uns ſey, daß nichts unſerer Vorſtel=
lung vom Raum entſprechendes außer dem
Verſtande ſey; daß man etwas unſerer Vor=
ſtellung vom Raum entſprechendes außer dem
Verſtande annehmen könne, wie wir etwas un=
ſern Vorſtellungen von den Körpern entſprechen=
des außer dem Verſtande annehmen; und dabey
doch noch wohl behaupten, daß wir das abſolute
Weſen des einen ſo wenig als der andern ken=
nen; und alſo auch nicht annehmen dürfen, daß
jeder Verſtand unſere Vorſtellungen vom
Raum und von den Körpern haben müſſe. Und
mehrere von den Gründen, die auch von mir
ſelbſt, wider den Satz, daß die Vorſtellung vom
Raum a priori in uns ſey, gebraucht wurden,
ſcheinen mir itzt nicht mehr ſo genugthuend, als

für diesen Satz, so vortrefflich sie auch von einigen Freunden und Auslegern der kritischen Philosophie aufgeklärt worden sind, überzeugen mich
noch nicht. Am wenigsten kann ich mich noch
auf das Argument für die Behauptung der
Priorität der Vorstellung vom Raum ergeben,
welches von der apodiktischen Gewißheit und
Nothwendigkeit der geometrischen Wahrheiten
hergenommen wird. Die Ursache die mich zu-
rückhält, habe ich schon oft angezeigt.

Dunkel ist mir noch gar vieles in dieser
Sache: Bey Seite gesetzt auch die Fragen vom
Wesen des Verstandes und seinem Ursprung;
ob er eine einfache, für sich bestehende Substanz
sey, oder durch die Verbindung einfacher sub-
stantieller Theile erzeugt, oder gar nur eine Modification und vorübergehende Erscheinung der
ganzen Organisation; — welchen Fragen man
zur Noth noch ausweichen kann; bey einer gewissen Bestimmung jener Streitfrage vom Grund
und Ursprung der Begriffe; — daß der ausgemachten, bey der Erzeugung unserer Vorstellungen zusammen wirkenden, Gründe so viele sind;
daß die meisten dieser Gründe in voller Wirksamkeit sind, lange bevor der Verstand etwas davon mit Bewußtseyn vernimmt und sich anmer-
ken kann; unzählige male z. B. ein Kind Ausgedehntes befühlt, und von einem Körper zum
andern sich bewegt hat, ehe es den Gedanken
hatte, daß um sich bewegen zu können, Raum
daseyn

daseyn müsse, ohne diesen Gedanken und den
Begriff vom Raum nöthig zu haben, mechanisch
oder durch Gefühle angetrieben — daß wir keine
der bey der Erzeugung unserer Vorstellungen
zusammenwirkenden Ursachen, in uns und außer
uns, nach ihrem ganzen Gehalte, kennen und
durchschauen, und also um so weniger ausmachen
können, was von einer jeden derselben ursprünglich herkommen konnte, bey den unzählig vielen
Wirkungen und Modificationen, die vorhergien-
gen, ehe unser Verstand sich und seine Vorstellungen zu beobachten im Stande war, — diese
Dunkelheiten sind es, die mich im Zweifel erhalten würden, auch wenn ich die bisher gebrauchten Entscheidungsgründe an sich selbst noch
stärker fände, als sie mir zu seyn scheinen.

Dennoch will ich nicht schlechterdings leugnen, daß es Gründe geben könne, das Daseyn
einiger Begriffe im Verstande, vor aller Afficirung, zu behaupten. Nur ich habe sie noch
nicht in meiner Gewalt; und dieß Bekenntniß
kann keinen Streit erregen. Wir wollen nun
sehen, wie weit sich ohne diesen Punkt völlig
ausgemacht zu haben, in der weitern Untersuchung, über die Hindernisse der Bestimmtheit
der Begriffe, und die Mittel, diese zu befördern,
kommen lasse.

II. Hinderniffe der genauen Bestim-
mung oder Bestimmtheit der Be-
griffe.

§. 8. Allgemeine Uebersicht derselben.

Leicht giebt sich, nach dieser Auseinandersetzung
der innern und äußern Gründe menschlicher Vorstellungen, die Ursache zu erkennen, warum es in
den meisten Fällen so schwer ist, Begriffe aufs
genaueste zu bestimmen; oder es dahin zu bringen, daß ihr Inhalt ganz angegeben und ihr
Gegenstand genau bezeichnet ist; und zwar nicht
bloß für itzt und auf kurze Zeit, oder für einen
und den andern Menschen nur; sondern immer
und für alle, die sie haben und gebrauchen sollen.
Die Ursache dieser Schwierigkeiten ist nemlich
überhaupt die Veränderlichkeit jener Gründe, und ihrer Verhälnisse gegen einander.

Diese Gründe sind die Dinge außer uns,
die Vorstellungskräfte und Werkzeuge in
uns, die schon vorhandenen Vorstellungen
und deren Zeichen (§. 4 — 6). Wenn nun
bey allen diesen Gründen des Inhaltes und der
Bestimmung unserer Begriffe vieles dem Wech-
sel und der Veränderung unterworfen ist; wie
sollte es denn möglich und leicht seyn, dieselben
genau zu bestimmen und feststehend zu erhalten?

Veränderlich aber ist der Grund unserer Begriffe, der in den Gegenständen selbst liegt, theils

in

in so fern als die einzelnen Dinge, auf welche
der Begriff sich beziehen soll, mancherlei Veränderungen unterworfen sind, theils aber, und
noch mehr darum, daß kein absolutes Gesetz es
bestimmt, wie viele dieser immer in einem
von einander verschiedenen Dinge, mittelst des
gemeinschaftlichen Namens, unter demselben Begriff verbunden werden sollen. Denn wo wäre der
Grund eines solchen absoluten, unveränderlichen
Gesetzes, welches bestimmte, wie weit die Bedeutung eines Wortes ausgedehnt, und abgeän-
dert werden könne? *)

Aber auch die innern Gründe der Bestimmungen der Begriffe sind von einer solchen
Manchfaltigkeit und Beschaffenheit, daß die
Unmöglichkeit, ihre Wirkungen überall gewissen
und unveränderlichen Gesetzen zu unterwerfen,
bald einleuchtet. Wenn man auch nur dieß einzige bedenkt, wie die aus so unzählig vielen,
und bey einem jeden Menschen verschiedenen
Quellen entspringenden Nebenvorstellungen
die ursprünglich wesentlichen Bestandtheile eines
Begriffes verdrängen, verdunkeln, verfälschen,
und endlich zu Hauptbestimmungen werden, die
Bedeutungen der Worte ganz umkehren, Ehren-
namen zu Schimpfnamen, und umgekehrt, ma-

D 3   chen:

*) Es giebt allerdings einige Gründe ~~~~ ~
der Sprach~ ~

chen können: so wird die Sache schon klar. Aber
sie verdient noch weiter aufgeklärt zu werden;
und wird es am leichtesten, durch Anwendung
der allgemeinen Bemerkungen auf die verschiedenen Hauptclassen der Gegenstände unserer Begriffe.

§. 9. Anwendung auf die Begriffe von den Dingen der Körperwelt.

Ein großer Vortheil für die Absicht, die
Begriffe genau zu bestimmen, der sich nicht
überall findet, ist bey den Dingen der Körper-
welt der, daß dasselbe **Object den mehrern,**
die einen bestimmten Begriff davon erlangen sollen, vorgelegt werden kann, und völlig oder
mehrentheils in demselben Verhältniß. Und
wenn auch nicht das Ding selbst; so doch, was
in Absicht auf Erkenntniß noch zur Noth die
Stelle vertreten kann, das **Bild,** die **Zeich-**
nung. Beydes fällt weg bey den Gegenständen
des innern Sinnes. Da hat jeder seinen eigenen
Gegenstand; und diese Gegenstände lassen sich
nicht mahlen oder zeichnen, sondern nur beschrei-
ben oder vergleichen. Wenn also die Begriffe
von den körperlichen Dingen und Beschaffenheiten nur einzelne Gegenstände hätten, oder auch
die Gegenstände, deren gemeinschaftliches darinne
aufgefaßt werden soll, immer gegenwärtig wären:

ren, und immer dieselben blieben; so möchte das
wohl gehen. Aber so ist es nicht.

Noch macht es aber doch einen großen Unterschied, ob wenigstens die einzelnen Dinge,
deren Gemeinsames der Begriff in sich fassen soll,
bestimmt vorhanden sind; oder ob diese nach
Willkühr gemacht oder angenommen werden
können. Und ferner, wie viele oder wie wenige
Manchfaltigkeit und Bestimmtheit der
Theile und Eigenschaften an diesen Dingen erkennbar ist. Denn wo die Gegenstände eine
große Menge bestimmter Merkmale an sich haben: da lassen sich immer viele allgemeine Begriffe zu einer solchen Bestimmtheit bringen, daß
die Gegenstände, auf die sie sich beziehen, ohne
Mühe kenntlich werden. Und wenn sie auch zu
Folge neuer Entdeckungen einzelne der bisherigen
Bestimmungen abgeben, oder neue annehmen
müssen: so verursacht auch dieß nicht leicht Unordnung, oder Ungewißheit; weil sie noch immer
Unterscheidendes genug übrig behalten können.
So ist es bey den organisirten Körpern im Thier-
und Pflanzenreich. Ob gleich auch hier die Begriffe des gemeinen Mannes, nach wenig Individuen oder Arten seines Vaterlandes, oder seines noch eingeschränkteren Aufenthaltes gebildet,
und mehr verworren, als deutlich, von den Begriffen des systematischen Zoologen und Botani-
kers sehr verschieden s-

und Bäume mit ihren Früchten insgemein eben
so geschwind zu unterscheiden, ob er sie gleich
nicht linnäisch definiren kann, als der gelehrte
Botaniker; und eben so Füchse und Wölfe und
Hunde, Löwen und Katzen, wenn er gleich nicht
weiß, wie sie im System neben oder unter einander stehen. Und die Naturhistoriker theilen
einander ihre Begriffe, mittelst der einmal fest-
gesetzten Sprache, der großen Mannchfaltigkeit
dieser beyden Naturreiche ungeachtet, insgemein
leicht mit. Obgleich die Würdigung und Unterscheidung der Begriffe, wodurch entschieden
werden soll, was eine eigne Art oder nur eine Spielart (Varietät) ist, welche Arten zu
einem Geschlechte gehören, u. s. w. ihnen viel
zu schaffen macht.

In der Mineralogie ist die Festsetzung
der Begriffe zur Eintheilung und Unterscheidung
der Gegenstände ungleich schwerer. Die Gründe,
warum es so ist, geben sich leicht zu erkennen.
Nemlich hier sind in den meisten Fällen nicht so
viele und so leicht zu unterscheidende Merkmale,
als bey den organisirten Körpern. Denn wenn
man auch, nach dem Beyspiel und der Anweisung
der scharfsinnigsten Männer in diesem Fache, alle
äußere Sinne, zu Hülfe nimmt, und in der Form,
Farbe, Härte, Schwere, dem Gewebe, Geschmack, Geruch, Klang, u. s. w. unterscheidende
Merkmale, aufsucht: so haben erstlich nicht alle
Mineralien die Eigenschaften an sich, vermöge
welcher

welcher ſie nach allen dieſen angezeigten Arten
die Sinne merklich afficiren können; ſodann
kömmt es hierbey ſo ſehr auf das Mehr und
Weniger an; in einem gewiſſen Grade ſind
dieſe Beſchaffenheiten ſo vielen Dingen gemein,
die doch unterſchieden werden ſollen; und in einem andern Grade kommen ſie nur den wenigſten
zu; den zur Unterſcheidung und Feſtſetzung des
Begriffes hinreichenden mittlern Grad anzugeben,
iſt ſo ſchwer: daß die Unterſcheidung der Mineralien nach äußerlichen Merkmalen, durchs ganze
Syſtem, oder vielmehr durch die ganze Mannichfaltigkeit der Natur hin, niemanden lange leicht
ſcheinen wird, der es verſucht hat. Zwar kömmt
hier die Scheidekunſt zu Hülfe und hat wichtige
Dienſte geleiſtet. Aber nicht zu gedenken der
Schwierigkeiten und Zweifel, gegen welche die
chymiſche Analyſe zu kämpfen hat, und aus welchen die größten Chymiker am wenigſten ein Geheimniß machen: ſo liegt es, vermöge der Erfahrung, am Tage, wie auch unter der Anwendung dieſes Hülfsmittels, die mineralogiſchen
Definitionen lange noch nicht zu der Vollkommenheit gebracht ſind, deren die Botaniker und Zoologen ſich erfreuen.

Und ein zweyter Grund der Unvollkommenheit der mineralogiſchen Begriffe iſt, daß im Mi-
neralreiche, etwa die Kriſtalliſationen, Verſtei-
nerungen, und andere weniger intereſſante Pro-

gebnen Individuen vorhanden find; sondern,
was man so nennen möchte, durch den Zufall
entsteht, oder willkürlich gewählt wird. *)
Nun ist aber das erste Erforderniß zur Begründung eines auf Dinge außer uns anzuwendenden
bestimmten Begriffes, daß diese Di ge selbst
bestimmt vorhanden find. Im Thier = und
Pflanzenreich find sie ohne alle Zweydeutigkeit
vorhanden. Aber wie findet der Oryktognoste
feine Individuen? Gleichviel kann es am Ende
doch nicht seyn, für die Bestimmung oder Anwendung des Begriffs, aus welchem Geschiebe er sie
aufnimmt, oder auf welcher Seite des Felsens
er sich ein Stück abschlägt. Wie es hingegen
gleichviel seyn kann, welche Pflanze unter den
hunderten, die auf einer Wiese blühn, oder welches Schaf aus einer Heerde gewählt wird.

Zwar kann bis zu einem gewissen Grade diese
Schwierigkeit weggeschafft werden; wenn ein
eigenes Cabinet, so wohl zur Bildung der allgemeinsten Begriffe von den äußern Kennzeichen
der Mineralien, als zur möglichst deutlich und
genauen Bestimmung der Begriffe von jedweder
Classe vorhanden ist; welches lauter zweckmäßig
ausgewählte Exemplare enthält. Aber immer
werden dieß denn doch nur für das Idealsystem
gewählte

*) Diese Bemerkung ist schon gemacht in einer Schrift,
deren Verf. überhaupt mit philosophischem Geist
in das Studium der Naturhistorie eingebt; Link
Versuch einer Anleitung zur geologischen
Kenntniß der Mineralien. S. 11.

gewählte Exemplare ſeyn; an welche die Natur bey weitem nicht auf eine ſo gleichförmige Weiſe ſich bindet, wie an die gemeinſten Formen der Individuen im Thier- und Pflanzenreiche.

Wie oft ändern ſich nicht die Beſtandtheile und Eigenſchaften einer Gebirgsart ſo allmälig; daß es unmöglich iſt zu ſagen, wo ſie anfängt, in eine ganz andere Art überzugehen? Wie oft finden ſich, mitten in einer, nach bekannten Merkmalen beſtimmbaren, Art, größere oder kleinere Partien, die ſich nicht ſo merklich unter-ſcheiden, daß ſie für etwas ganz frembartiges (paraſitiſches ꝛc.) angeſehen werden können; und wenn man ſie für einartig annimmt, nicht unter den bisherigen Begriff paſſen? *) Alle ſolche, dem

Syſtem

*) Zu einem erläuternden Beyſpiel ſey es mir erlaubt, den Baſalt anzuführen; eine nicht nur unter den Mineralogen von Profeſſion berühmte, ſondern auch Nichtmineralogen vor vielen andern be-kannte Gebirgsart; und mit welcher genauer ſich bekannt zu machen die hieſige Gegend gute Gele-genheit giebt. Wie wenig allgemein anpaſſend fand ich nicht die äußern Merkmale der gewöhnlichen Beſchreibungen des Baſaltes; wenn ich ſie mit den vielerley Stücken verglich, die aus einem oder dem andern der hieſigen Baſaltberge gebrochen werden, und bisweilen allernächſt beyſammen ſich fanden? Wie verſchieden dieſe an Farbe, Feſtigkeit des Gewebes, Schwere, und in Anſehung der in-liegenden glänzenden und ſpathigen Theile? Könnte nicht etwa die hierbey mögliche Verſchiedenheit der Begriffe auch einigen Einfluß haben auf die Frage vom Urſprunge des Baſaltes? Wenn einige

Syſtem nicht gelegen kommende Verſchiedenheiten für unweſentlich, zufällig, zu erklären; kann zwar einigermaßen damit entſchuldiget werden, daß es beſſer iſt einige Ordnung, als gar keine zu haben; und daß wir mit unſern Syſtemen überhaupt nicht den ganzen Reichthum der Natur umfaſſen, ſondern auf das Wichtigſte uns einſchränken müſſen. Aber Unvollkommenheit unſerer Begriffe und Syſteme verräth es immer. Nur nicht juſt Unvollkommenheit des einen Syſtems oder Lehrers. Denn die Unvollkommenheit der menſchlichen Natur muß nicht, wie aber doch vielleicht manchen ſchon begegnet iſt, mit formalen Unvollkommenheiten eines beſondern Lehrſyſtems verwechſelt werden; gerade dasjenige könnte das gründlichſte ſeyn,

welches

lig ähnlich; und gewiſſe Isländiſche Baſalte, wenn man nicht den inliegenden Olivin für ein Unterſcheidungs-Merkmal annehmen will, von gewiſſen Laven kaum zu unterſcheiden ſind? Aber iſt der Begriff von Lava nicht vielleicht noch ſchwankender; wenn man alles, was ein Feuerſpeyender Berg auswirft, oder was in ſeiner Nachbarſchaft gefunden wird, vielleicht ein wenig angeſchmolzen oder mit vulcaniſcher Aſche vermengt iſt, Lava oder vulcaniſches Product nennt? Sollte nicht bey dieſem letztern Namen auch ein Unterſchied zu machen ſeyn, zwiſchen den Producten des mehr oder weniger in Fluß bringenden Feuers, und zwiſchen den Erzeugungen der vulcaniſchen Dämpfe? Könnten nicht manche Kriſtaliſationen in den Laven erſt nachher auf dem warmen naſſen Wege entſtanden ſeyn; aus dem die

welches jene Unvollkommenheit am vollständigsten bemerklich machte. Denn bey gründlicher
Belehrung müssen die Dinge vorgestellt werden,
wie sie sind; also auch die menschliche Erkenntniß
mit allen ihren Einschränkungen.

So ist es denn nicht zu verwundern; wenn
auch in den beste, erntegnostischer Beschreibun-
gen so viele Entweder, Oder, Insgemein,
Mehrentheils und Bisweilen auch ꝛc. vorkommen. Wer sie darum tadeln will; zeige,
wie sie, alle Absichten zusammen genommen,
besser gemacht werden können.

§. 10. Auf die Begriffe von den unsichtbaren Gegenständen.

Wenn man nur einen flüchtigen Blick auf
die Streitigkeiten der Philosophen in den metaphysischen und moralischen Wissenschaften richtet; wenn man ihre Uneinigkeit bemerkt in Ansehung der vornehmsten Grundbegriffe dieser
Wissenschaften, mit deren Bestimmung und
Festsetzung die berühmtesten unter ihnen seit
Jahrtausenden sich beschäftigen; der Begriffe
von Substanz, Raum, Caussalität,
Pflicht, Freyheit, Tugend und Glückseligkeit; wenn man hört, wie sie dabey noch
immer über Mißverständnisse klagen, und diese

es sehr zu verwundern, wenn der Verdacht
entstünde; daß diese Namen sich wohl eher
nur auf Hirngespinste beziehen mögen, die ein
jeder nach den besondern Dispositionen seiner
Phantasie und seiner Launen ausbilde, als auf
wirkliche in der Natur bestimmt vorhandene Gegenstände?

Nun zeigt sich zwar bey genauerer Untersuchung, daß es so gar schlimm damit nicht stehe.
Unterdessen wird immer so viel davon wahr und
unleugbar bleiben, daß man besondere und größere
Schwierigkeiten bey der Bestimmung der metaphysischen und moralischen Begriffe vermuthen
muß, als bey den Begriffen von den Gegenständen der äußern Sinne. Und bey weiterem
Nachdenken zeigen sich diese 1) darinn, daß
die Beobachtung mit dem innern Sinn schwie-
riger ist, als mittelst der äußern Sinne. Daß
einige von den Begriffen dieser Wissenschaften
durch Beobachtung im Innern erzeugt werden,
ist außer Streit. Und wenn von andern behauptet wird, daß sie vor aller Empfindung in
uns seyn: so wird doch nicht geleugnet, daß
ihre Erweckung und Aufklärung eine Aufmerksamkeit erfordere, die nicht durch äußere
Gegenstände bestimmt wird, sondern im Innern
ihren Gegenstand aufsuchen und festhalten muß.
Nun sind aber im Innern die Gegenstände nicht
so leicht von einander zu unterscheiden, und abgesondert von einander zu erhalten, als dieß bey

den

den Gegenständen der äußern Sinne sich thun
läßt. Es versteht sich; schon aus der Aufschrift
dieses Paragraphs, daß, was hier von den im
Innern vorgestellten Gegenständen gesagt wird,
nicht zu beziehen sey auf die sinnlichen Vorstellungen, die im Bilde vom Raum die Imagination neben einander aufstellen, und auf das
bestimmteste von einander unterschieden anschaulich machen kann. Jene andern Vorstellungen
nun, die von den unsichtbaren Dingen im Innern entstehen, sind weder so abgesondert von
einander, noch so feststehend, als die Bilder im
Raum, außer uns und in uns. Viel leichter
können also jene, als diese, einander verdunkeln,
oder sich mit einander vermischen. Viel schwerer ist die Beobachtung und Aufmerksamkeit
bey den einen, als bey den andern.

a) Ein großer Vortheil dagegen scheint nun
zwar darinne zu liegen, daß wir den Stoff zu
den intellectualen Vorstellungen in uns selbst haben, und ihre Gegenstände also nach Willkühr
hervorbringen und betrachten können, wann und
so oft wir wollen. Und es ist ein Vortheil.
Außerdem aber, daß sie doch auch, bey dem
Zusammenhange, in welchem die mehrern und
verschiedenartigen subjectiven Gründe unserer
Vorstellungen unter einander stehen, (§. 4.)
nicht immer gleich leicht und völlig auf dieselbe
Weise entstehen, ist mit diesem Vortheil wie-

die mehreren Beobachter und Untersucher nie denselben Gegenstand vor sich haben; wie wenn mittelst der äußern Sinne beobachtet wird. Es kann in den physischen Wissenschaften schon Schwierigkeiten und Mißverständnisse verursachen, daß vielfältig der eine dieß, der andere jenes Individuum vor sich gehabt, oder der eine etwa im Winter der andere im Sommer ꝛc. gewisse Thiere gesehen hat. Unterdessen läßt sich doch in vielen Fällen dem abhelfen, völlig oder durch Zeichnungen. Aber wo der Gegenstand im Innern ist: da ist es für sich klar, daß jeder Beobachter seinen eigenen Gegenstand hat. Wenn nun etwa hiebey eine solche Erkenntniß entstünde, vermöge welcher der Verstand urtheilen dürfte, und müßte, daß sie ihren Gegenstand völlig so in jedem Menschen, jedem Verstande, jedem Willen ꝛc. habe: so hätte damit freylich einer für seine Erkenntniß viel gewonnen. Aber daß andere dieselbe Erkenntniß, dieselben Vorstellungen und Begriffe, wozu der objective Grund in ihnen so gut, als in jenem einen liegt, wirklich auch bekommen, und eben so beybehalten; daß ihre Aufmerksamkeit eben so sich anstrenge und richte, um aus dem Mannichfaltigen, was im Innern lebendig und rege ist, oder rege werden kann, gerade dieselben Elemente aufzufassen und mit einander zu verbinden; das ist damit noch lange nicht entschieden. Und wird es also immer für eine Hauptursache der

Schwie-

Schwierigkeit, diese eine Classe unserer Begriffe
zur Bestimmtheit und Festigkeit zu bringen, angesehen werden müssen; daß in Ansehung derselben keiner den Gegenstand, den
er vor sich hat, dem andern vorlegen und zur
Anschauung übergeben kann. Der entgegenge-
setzte Vortheil, bey den Begriffen von der Kör-
perwelt, wird noch immer eingestanden werden
müssen; wenn man auch gelten lässet, was in einigen Fällen ausgemacht und überhaupt nicht gut
zu widerlegen ist, daß bey denselben äußern Gegenständen verschiedene Menschen nie völlig dieselben sinnlichen Vorstellungen bekommen. Immer bleibt doch der äußere Gegenstand derselbe.
Und wenn, wie es nicht anders seyn kann, so
fern die sinnlichen Vorstellungen mehrerer Menschen von demselben Gegenstand vermöge unver-
änderlicher subjectiver Gründe verschieden sind,
diese Verschiedenheiten durch das ganze Ideen-
system regelmäßig fortlaufen: so können doch
auch in Ansehung der **Verhältnisse** dieser Gegenstände unter einander, als worauf sich eben
unsere meisten und wichtigsten Begriffe beziehen,
die Begriffe und Urtheile mehrerer Menschen
gegen einander zur Bestimmtheit gebracht werden. Sie werden einander nicht nur verstehen,
welcher Gegenstand gemeynt sey, wenn der eine
das Blaue, das Rothe, das Süße, das Bit-
tere verlangt; gesetzt auch daß ihr Gesicht und

afficirt werde; ſondern auch bey den mancherley
andern Anwendungen und Verbindungen dieſer
Begriffe.

Und es wird auch bald eingeſehn ſeyn, daß
der Schwierigkeit auf der andern Seite damit
nicht abgeholfen werden könne, daß zur Bildung
eines pſychologiſchen Begriffes mehrere Denker
ſich denſelben Gegenſtand in irgend einem Menſchen außer ihnen wählen; zur Bildung des Begriffs vom **Genie** irgend einen der unter dieſem
Namen berühmteſten Männer ſich vorſtellen,
den Begriff der **Tugend** am Sokrates, Epik-
tet ꝛc. ſich anſchaulich machen wollten. Denn
da Tugend und Genie, Vorſtellungs - und
Willens-Kraft, ſich nicht unmittelbar zu erkennen geben, ſondern aus ihren Wirkungen geſchloſſen werden müſſen: ſo iſt es klar, wie es
nun wieder darauf ankomme, wie und in welchen Verbindungen dem einem und dem andern
die Vorſtellungen vom Thun und Laſſen dieſer
Männer entſtehen. Und gewiß werden da die
Abweichungen immer wichtiger ſeyn, als bey
den ſinnlichen Vorſtellungen, die in mehreren ent-
ſtehn, wenn ſie denſelben Gegenſtand vor ſich
haben.

3) Hieraus ergiebt ſich nun von ſelbſt, warum
Worte und **Beſchreibungen** hier nicht ſo viel
ausrichten können, als in Beziehung auf die
Gegenſtände der äußern Sinne. Denn nur da-
durch bekommen Worte einen gemeinſchaftlichen
Sinn,

Sinn, kraft dessen mehrere Menschen dasselbe dabey denken können, daß sie mehreremale auf gemeinschaftliche Gegenstände sind angewendet worden. So fern es also an diesen fehlt, muß es auch an jenem fehlen. Die Unvollkommenheit der Sprache in ihren Bedeutungen kömmt immer von der Unvollkommenheit der Begriffe her. Somit ist denn auch klar, warum es an einem Maasstab für die intellectuale und moralische Größe und Vollkommenheit fehle. Der Maasstab ist das gemeinschaftliche Einartige, das der eine wie der andere vor sich hat; oder wovon einer dem andern die Vorstellung durch Worte erwecken kann, so einstimmig, als sie vorher mittelst eines gemeinschaftlichen äußern Gegenstandes in dem einen wie in dem andern war begründet worden. Und doch kömmt es bey so vielen dieser Begriffe, z. E. Witz, Genie, Tiefsinn, Tugend, Gelehrsamkeit, gerade auf das Mehr und Weniger an. Endlich 4) ist noch eine Schwierigkeit bey der Bestimmung dieser Begriffe, daß sie in einer viel genauern Verbindung und Abhängigkeit unter einander stehen, als die Begriffe von den Gegenständen der äußern Sinne. Zwar auch bey diesen letztern giebt es gemeinsame und zum Theil sehr allgemeine Bestandtheile; und die Verschiedenheit der Begriffe von denselben kann im ganzen System der Körperlehre in Absicht auf Festig-

genehmes. Und ein absolutes Müssen
rgiebt sich hiebey nicht so leicht; als sich wohl
die Grenzscheidung zwischen einem und dem andern Thier, einem und dem andern Stern u. s. w.
auch wider Willen zu erkennen giebt.

Selbst bis zum Begriff von Philosophie
und den Gründen der Eintheilung ihres Ge-
biets, können die Abweichungen bey einem und
dem andern jener allgemeinen Begriffe, mit den
aus ihnen entstehenden Mißverständnissen und
Streitigkeiten einbringen; wie einigen meiner
Leser z. B. in Hinsicht auf die Begriffe von
Natur, Freyheit und Caussalität wohl bekannt seyn wird.

Fragt man, woher es komme, daß die metaphysischen und moralischen Begriffe mehr von
einander abhängen, als die physischen: so ist
die Antwort leicht. Nemlich eben deswegen,
weil jene nicht, so wie diese, mehrere von einander
abgesonderte Substanzen zum Gegenstand haben; sondern, wenigstens allernächst, immer in
den Gründen, Gesetzen und Modificationen des
menschlichen Verstandes und Willens, also in
dem, was im genausten, aber leicht sich verber-
genden Zusammenhange mit einander steht, ihre
Gegenstände aufsuchen müssen.

. 11. Tiefer liegende Schwierigkeiten.

Nicht geringe Schwierigkeiten, . . .

serer Begriffe überall entgegen; hier geringere,
dort größere. Bey einigen derselben hält es
schwer, es auch nur dahin zu bringen, daß in
Ansehung izt vorhandener Gegenstände der Untersuchung dieselben genau bestimmt, und also
angegeben werden, daß keine Verwechslungen
und Mißverständnisse mehr dabey entstehen.
Bey andern ist dieß zwar so schwer nicht; aber
sich zu versichern, daß so, wie sie izt bestimmt
sind, sie auch immer bleiben, nicht einige ihrer
Bestimmung verlieren, und andere annehmen
werden; dieß würde noch ungleich mehr erfordern.

Wenn wir die **Wesen der Dinge** a priori
zu erkennen im Stande wären; wenn so, wie
der Verstand, mittelst der unveränderlichen Vorstellungen von Punkten, Linien, Flächen und
dere Bewegung, sich alle möglichen Figuren
zusammensetzen, sie aufs genauste von einander
unterscheiden, und mit einander vergleichen
kann, mittelst eben so unveränderlich in ihm liegender Vorstellungen, das System aller möglichen Dinge, die aus dem absolutesten, vollkom-
mensten Grunde nothwendig entstehende vollkommenste Welt, in Gedanken zusammensetzen
könnte: so würden jene Schwierigkeiten bald ver-
schwinden; und die philosophischen Begriffe würden, wie die mathematischen, wenn gleich wegen
der größern Menge und Manchfaltigkeit von
Bestimmungen die sie enthalten, mit mehr
Mühe,

Mühe, endlich doch zur vollſtändigen Beſtimmtheit gebracht und feſtgeſetzt werden können.
Denn gleiche Gründe müſſen gleiche Folgen geben. Hätte der menſchliche Verſtand in ſich,
entweder ganz a priori, oder vermöge gewiſſer
allen Menſchen auf gleiche Weiſe zu Theil wer-
denden Afficirungen, den vollſtändigen Grund
zu den philoſophiſchen, wie zu den mathematiſchen Begriffen: ſo müßten die einen wie die andern allmälig daraus entſtehen. Aber wie kann,
wie konnte man je das erſtere glauben!

Zwar Gründe zur Beſtimmung, zur Begründung und Feſtſetzung aller ſeiner Begriffe,
auch der von der Natur außer uns, liegen allerdings in dem Gemeinſamen der menſchlichen
Natur. (§. 4.) Aber dieſe Gründe geben entweder nur **negative Beſtimmungen**, wie
das Grundgeſetz des Verſtandes; oder nur **hypothetiſche**, wo die eine Eigenſchaft nicht iſt,
da muß die andere ſeyn, oder wo dieſe iſt, kann
jene nicht ſeyn, welche aber da ſeyn oder nicht
da ſeyn müſſen, kann unausgemacht ſeyn; oder
ſie geben keine **ganz allgemeine** und **unver-
änderliche** Folgen. Letzteres iſt der Fall ſehr
oft bey der Beſtimmung der Verſtandesopera-
tionen durch die Geſetze des **Willens**, oder der
practiſchen Vernunft. Der practiſchen
Vernunft, darf geſagt werden; denn nicht bloß
die ſinnlichen Neigungen ſind in verſchiedenen

nen Zeiten in vielem verschieden bestimmt; und
bringen also durch ihren Einfluß auf den Verstand abweichende Begriffe und Urtheile hervor.
Sondern auch die **practische Vernunft**, oder
die in Hinsicht auf die wesentlichen Gesetze des
Willens, auf Rechtverhalten, Pflicht und Verbindlichkeit, sorgfältigst bestimmte Ueberlegung
und Erkenntniß, ist nicht und kann nicht seyn
in allen Menschen völlig dieselbe. Es
kömmt ja hiebey auf Data zur möglichen Erkenntniß auf der einen Seite; so wie auf der
andern auf die Zeit an, die man zur Ueberlegung und Bestimmung hat; ob das Urtheil län-
gern Aufschub leide oder nicht. Und wenn
gleich dieß letztere für die **Wissenschaft** oder
allgemeine Theorie der metaphysischen und
moralischen Begriffe nicht dieselben Folgen hat,
die es für die practische Vernunft auf dem Rich-
terstuhl, oder in andern Gelegenheiten des Lebens hat; so giebt es sich doch immer hiebey zu
erkennen, daß, wo irgend in Angelegenheiten
des Verstandes der Wille mit seinen eigenthümlichen Trieben und Gesetzen zu Hülfe genommen
und dem Verstande coordinirt wird, die Gefahr
abweichender Resultate größer ist, als da, wo
die Sache dem Verstande ganz allein überlassen
werden darf. Die Erfahrung hat es auch schon
zur Genüge gelehrt.

Wenn man unter der **Metaphysik**, dem
ältesten Begriffe gemäß, die Wissenschaft von

den

den allgemeinſten und nothwendigen Eigenſchaften, Unterſchieden und Verhältniſſen der Dinge
verſteht, wie ſolche der **Verſtand** unabhängig vom ſinnlichen Schein ſich denken muß: ſo
iſt alſo klar, daß die letzten Gründe der Hinder-
niſſe einer vollſtändigen und feſtſtehenden Beſtimmung der philoſophiſchen Begriffe mit den Unvollkommenheiten der Metaphyſik und deren
Gründen zuſammen kommen; und daß alſo jede
mögliche Vervollkommnung dieſer Wiſſenſchaft
eine Verminderung jener Schwierigkeiten ſeyn
würde.

Als eine Hauptbedingung und erſte bewirkende Urſache der Vervollkommnung der meta-
phyſiſchen und moraliſchen Wiſſenſchaften haben,
wie bekannt iſt, einige der berühmteſten Philoſophen, eine beſſere, der geometriſchen oder al-
gebraiſchen ähnliche, erſt zu erſchaffende, philoſo-
phiſche, wiſſenſchaftliche Sprache betrachtet.
Allein wenn anders dieſe großen Männer ihre
Ideen deutlich genug vorgelegt haben; ſo ſcheint
es, ſie haben dabey vergeſſen oder überſehen,
wie die Erſchaffung einer ſolchen Sprache ſchon
Begriffe von den Dingen in der Welt voraus-
ſetzte, wie wir ſie nöthig hätten zur Vollkommenheit der philoſophiſchen Wiſſenſchaft, aber,
vermöge der Natur des menſchlichen Verſtandes,
im Verhältniß auf dieſe Dinge nicht haben können; oder — wenigſtens fürs erſte noch nicht

Dinge, ſollten ſtatt der Definitionen dienen. Ja; — aber die Definitionen oder genau und deutlich beſtimmten Begriffe ſind es eben, woran es ſo ſehr fehlt. Unterdeſſen zweifle ich nicht, daß in einigen Theilen der Philoſophie, beſonders der Phyſik und Naturgeſchichte, eine der mathematiſchen näher kommende, mehr charakteriſtiſche Sprache wohl möglich wäre. Aber die Begriffe müſſen doch immer erſt da ſeyn, beſtimmt und einſtimmig anerkannt; ehe neue entſprechende Zeichen für ſie eingeführt werden könnten. Uebereilung mit dem letztern, ehe das erſte zu Stande gekommen, würde mehr Nachtheil als Gewinn für die Wiſſenſchaft werden. So urtheilen einſichtsvolle Männer über den neuſten Verſuch dieſer Art, der in Frankreich in Beziehung auf Chymie und Phyſik theils ſchon gemacht, theils noch im Werke iſt. —

Verbergen können ſich aber dieſe Schwierigkeiten eine Zeit lang durch allerley Arten von Verfahren. Erſtlich, beſonders in den allgemeinſten darauf ſich beziehenden Theorien, wenn man die Begriffe von den Weſen der Dinge, vom Abſolut nothwendigen und Zufälligen, von Geſchlechtern, Gattungen, Arten und Abarten gar nicht auf eigentliche Dinge oder Subſtanzen anwendet, ſondern immer nur mit Beyſpielen aus der Geometrie erläutert. Geht man aber mit einer ſo bloß oder größtentheils nur geometriſch erläuterten logik

und

und Ontologie in die Naturgeſchichte ein; wie ganz
andere Schwierigkeiten wird man hier gewahr,
als man dort vermuthete! Vielleicht war dieß
der Grund, daß einige dieſer Philoſophen die
Klagen nicht begreifen konnten, die andere über
die Unvollkommenheit unſerer Ekenntniß, von den
Weſen der Dinge führten; daß ſie glaubten dieſe
Klagen kämen nur daher, daß man Begriffe,
ſinnlich haben wollte, die nur für den Verſtand
ſind, oder wie ſie ſich bisweilen ausdrückten, mit den
Ohren ſehen und mit den Augen hören wollte. *)

Auch dadurch können ſich jene Schwierigkeiten verbergen, daß man Worterklärungen an-
häuft und aus einander ableitet, die auch alle
vortrefflich aus einander folgen und einander
unterſtützen; nur aber auch alle mit einander
einen Cirkel machen, oder zuletzt um eine einzige
ſich drehen, mit welcher, wenn ſie geleugnet
wird, alle unbrauchbar werden; oder bey welcher das vermeynte Licht, welches alle an einander verkettete Begriffe aufklären ſollte, auf einmal verſchwindet.

Endlich auch dadurch, daß man, nach der
nun angenommenen Bedeutung der Worte, beſtimmte Begriffe zum Grunde legt, bey den
Unterſuchungen über die Dinge in der Welt;
was dieſe Begriffe enthalten und fordern, für
weſentlich, was ſie nicht fordern, für zufällig

Geschlechter, Familien u. f. w. von einander
unterscheidet. Allein ob gleich diese Bemühung
immer ihren Werth haben kann; indem dadurch
doch die mehrern Begriffe des menschlichen Verstandes durch einander aufgeklärt und geordnet,
Inconsequenzen und Widersprüche verhindert
werden: so kann doch ein System solcher **No-**
minalwesen nicht für das **System der Na-**
tur gelten. Die Begriffe sind damit nicht bewiesen, daß sie auf alle Individuen der Art oder
irgend einer Claffe sich anwenden laffen; und also
auch nicht mittelst solcher Begriffe die Säße,
daß diese Dinge von jenen z. E. Wölfe und
Hunde, wesentlich oder der Art nach; andere
aber, z. E. alles was wir Hund nennen, nur
zufällig von einander unterschieden sey —
wenn nach dem schon vorher angenommenen
Begriff die Grenzen der Claffen bestimmt wurden. Und wenn dieß auch nicht so schlechterdings geschah; sondern viele Beobachtung und
Vergleichung vorhergieng: so sind wir immer
nicht sicher, daß die Abtheilungen und die Begriffe so bleiben werden; so lange wir nicht wiffen
können, wo die Grenzen der Veränderlichkeit der
Natur in diesen ihren Producten liegen.

Aber wie wenig wir auch im Stande seyn
mögen dieß zum voraus zu bestimmen, und wie
groß alle bisher angemerkten Hinderniffe bestimmter und feststehender Begriffe von den Dingen in der Welt mit Grunde scheinen können:

so

so ist doch die Behauptung zu weit getrieben
und nicht erweislich, daß alle unsere allgemeinen Begriffe, wornach wir diese Dinge eintheilen und ihr wesentliches bestimmen, **willkühr-
lich** seyn, oder wenigstens auf bloß **subjectivem Grunde,** der Einschränkung unseres
Verstandes beruh n, in der Natur selbst keinen
Grund haben. Denn wie will man **beweisen,**
daß in den Formen die die Natur hervorbringt,
und den Eigenschaften, die sie damit verbindet,
im Thier und Pflanzenreiche, alles veränderlich
sey, nichts auf ewigen und unveränderlichen
Gründen und Gesetzen beruhe? Die strengste
Metaphysik und die Analogie der Erfahrung sind
doch mehr für die gegenseitige Behauptung.
Und wenn man auch für Zufällig hielte das Daseyn dieser Formen mit den ihnen inhärirenden
Eigenschaften; annähme, daß sie vergehn können, wie unsere Erde mit ihrem Sonnensystem;
so folgt daraus doch nicht, daß Menschen noch
einst Affen oder Affen Menschen werden oder
aus sich erzeugen können; und Mücken Elephan-
ten. Aber wenn auch die eingesehenen letzten
Gründe der Unvollkommenheit unserer philosophischen Begriffe dergleichen Folgerungen nicht
rechtfertigen können: so machen sie doch die
Schwierigkeit ihrer Bestimmtheit und Festsetzung
begreiflich.

§. 12. Weitere Entwicklung der Folgen aus
allem Bisherigen, für die Allgemeinheit
und Nothwendigkeit philoſophiſcher Sätze;
und für die Beſtimmung des Werthes der
Uebereinſtimmung vieler Erfahrungen.

Wiſſenſchaftliche Sätze müſſen **Allgemeinheit** und **Nothwendigkeit** haben.   Denn
ſie ſollen ſich von hiſtoriſchen Sätzen unterſchei-
ben, und Gründe enthalten zur Weisheit des
Lebens, zur Beſtimmung des angemeſſenen Verhaltens gegen die Natur der Dinge in allen ihren Verhältniſſen.   Aber wie ſoll ihnen dieſe
Allgemeinheit und Unveränderlichkeit verſchafft
und geſichert werden; bey der Veränderlichkeit
der philoſophiſchen Begriffe, die theils aus der
Erfahrung bekannt iſt, theils wegen der Beſchaffenheit eines großen Theils der Gründe,
aus denen ſie entſpringen, immer für möglich
gehalten werden kann?   Alles was erkannt und
bewieſen werden ſoll, muß es entweder aus den
Begriffen, oder aus der Erfahrung.   Wenn
nun in der Philoſophie die **abſolute Nothwendigkeit** und **Allgemeinheit** der Sätze weder aus
den Begriffen, ſofern dieſe ſelbſt ſich ändern
können, noch aus der Erfahrung, die abſolute
Nothwendigkeit und Allgemeinheit für ſich allein
nie beweiſen kann, ſich ſchließen läſſet: ſo iſt
alſo dieſe geforderte Allgemeinheit und Nothwen=

digkeit

digkeit entweder gar nicht zu begründen; oder es
muß durch die Verbindung der Erfahrung mit
den in der Natur des Verſtandes liegenden
Gründen ſeiner Urtheile geſchehen.   Und da beruht, meines Erachtens, am Ende das Allermei-
ſte und Genugthuendſte auf dem Werthe der
Analogie, oder der **Uebereinſtimmung vieler Erfahrungen.**   Ob eine gewiſſe **Beſtän-
digkeit** im Laufe der Natur für ein Zeichen der
Nothwendigkeit oder eines Geſetzes gehalten; eine gewiſſe **Menge** und Uebereinſtimmung
von Erfahrungen zur Begründung eines **allgemeinen** Satzes der Wiſſenſchaft angenommen
werden könne; und ob den durch die ganze dem
Menſchen gegebene Erkenntniß begründeten Begriffen gemäß denken **vernünftig denken**
heiſſe?   Auf dieſe Frage kömmt es an.   Und ſie
kann ſo beantwortet werden, daß die **Möglichkeit der philoſophiſchen Wiſſenſchaften**
nicht mehr zweifelhaft bleibt; und dennoch der
große Unterſchied zwiſchen **wiſſenſchaftlicher
Erkenntniß** und gemeiner Erfahrung, oder eigentlich ſo genannter **Empirie,** ſich noch wohl
behaupten läſſet.   Denn wenn wir auch eingeſehen, daß die Annehmung der **Naturgeſetze,**
die Behauptung der **Allgemeinheit** und
Nothwendigkeit der Eigenſchaften, Kräfte
und Wirkungen, die unſere Begriffe von den
Dingen in der Welt ausmachen

image
not
available

rungen, die er an ſich ſelbſt macht, daß nach
dem Genuß eines gewiſſen Geträtkes er immer
erhitzt oder übel in ſeinem Befinden wird, ver=
nünftig beſtimmt werden zu glauben, daß das
Getränke die Eigenſchaft habe ſo auf ihn zu wirken. Aber von der wiſſenſchaftlichen Allgemeinheit und Gültigkeit iſt bey dieſem Grunde ſeine
Erkenntniß noch weit entfernt. Aber wenn er
daſſelbe erfolgen ſieht, Zeichen der Hitze z. B.
ſo oft von irgend andern Menſchen oder Thieren
dergleichen genoſſen wird; wenn er ähnliche Veränderungen, ein ſchnelleres Vertrocknen z. B. an
Pflanzen ſo gar entſtehen ſieht; wenn er endlich
entdeckt, daß ſich ſchon die Beſtandtheile dieſer
ſo ſich gegen einander zeigenden Dinge, z. B.
ſolche Erden und Säueren, ſo gegen einander
äußern — was für ein ganz anderer Grund
zur Annehmung eines Naturgeſetzes, eines
nothwendigen Verhältniſſes, iſt nun nicht
vorhanden? Da ändert ſich nun freylich wohl
die Sprache. Man ſpricht nicht mehr von
Erfahrung, ſondern von Einſicht und
Gründen. Aber uns kömmt es itzt nicht
darauf an, wie man die Dinge nennt; ſondern
was ſie ſind. Und dieß iſt noch nicht alles,
was in unſerer Erkenntniß mittelſt der Erfahrung
zur Begründung der Vorſtellung eines nothwendigen und allgemeinen Verhältniſſes zuſammen
kommen kann, und vielfältig zuſammen kömmt.
Denn wie alle dieſe übereinſtimmenden M-

nehmungen, vom ersten einzelnen Gegenstande an
bis zu den chymischen Elementen, einer selbst
machen kann: so können sie auch andere gemacht haben und sie ihm mittheilen; und dieser
können viele seyn; es können — so ists in Ansehung nicht weniger Stücke unserer Erkenntniß,
alle Menschen seyn, die sich nur irgend darüber
geäußert haben.

Endlich kann der Begriff oder das Urtheil
etwas betroffen, was die Gegenstände des
äußern Sinnes mit einander gemein haben,
worinne also alle Wahrnehmungen, alle Erkennt-
nisse mit einander übereinstimmen; wovon eben
deswegen nicht kann abgegangen werden, ohne
allgemeine Zerrüttung im ganzen Denken zu
veranlassen.

Hieraus wird schon begreiflich, warum der
allgemeine Grundsatz der Caussalität,
daß nichts ohne Ursache geschehe, alle Ereignisse abhängig von gewissen Bedingungen
und bey ihnen nothwendig erfolgen — wenn man
auch annimmt, daß er als Realsatz, oder nach
seiner objectiven Gültigkeit, auf die Uebereinstimmung mehrerer Wahrnehmungen sich gründe —
einen viel festern Grund in unserer Erkenntniß
haben, und früher erlangen muß, als alle besondere Caussalsätze; bey welchen aber die
Grade der Wahrscheinlichkeit und Annäherung
zur moralischen oder practisch hinreichenden Gewißheit eben auch leicht begreiflich werden.

2) Auf

2) Auf die **Beſchaffenheit der Wahrnehmungen;** mit welchen Sinnen, welchen
Kunſtwerkzeugen, welcher Aufmerkſamkeit, bey
welcher Gelegenheit, welchen bei genauen und
vollſtändigen Beachtung günſtigen oder nachtheiligen Umſtänden, und wenn man dieß hier
gleich hinzuſetzen will, wie es denn auch auf die
Wahrnehmung ſelbſt entſcheidenden Einfluß haben kann — mit welchen Vorerkenntniſſen und
Fertigkeiten ſie gemacht worden ſind. Wenn
es fremde Wahrnehmungen ſind, gehört noch
hinzu die hiſtoriſche Gewißheit, daß alles ſo
geweſen ſey, wie es angegeben wird.

3) Auf den **Verſtand** bey der Bildung der
Begriffe. Denn auf dem Verſtande beruht die
Richtigkeit und Genauigkeit in der Bemerkung
der Uebereinſtimmung und Verſchiedenheit der
mehrern einzelnen Wahrnehmungen, die
Schätzung der Menge und der Gewißheit des
Einſtimmigen und Verſchiedenen; die Zuſam-
menfaſſung und Feſthaltung des Zuſammenge-
hörigen und Abſonderung des nicht zugehörigen;
endlich die An - und Unterordnung aller Begriffe neben und unter einander; als wodurch erſt
die **großen Analogien** und **Hauptgeſetze**
der Natur, und die Uebereinſtimmung des Beſondern mit dem Allgemeinen ſichtbar werden.

Hieraus ergeben ſich nun die Folgen
1) Daß wenn gleich die Kenntniß der Natur durch

der größte Abſtand, der nur irgend zwiſchen der
Erkenntniß eines und des andern Menſchen Statt
findet, zwiſchen wahrer gründlicher Wiſſenſchaft und gemeiner, eigentlich ſo genannter,
Empirie immer noch leicht einzuſehen iſt; in
der Pſychologie, Pädagogik, Moral und ganzen Philoſophie, ſo gut als in der Medicin. Denn
die Reſultate der vereinigten Wahrnehmungen
der beßten Köpfe vieler Völker und Jahrhunderte, wohl geordnet, in einem zum Nachdenken fähigen Kopfe, ſind doch etwas ganz anders,
als die Erfahrungen eines, ſey es, übrigens
gleich guten Kopfes von einem bloßen Empiri-
ker, etwa noch verbunden mit den Erfahrungen
ſeines Vaters oder etlicher Nachbarn.

2) Daß Wiſſenſchaft, und einzelne wiſſenſchaftliche Wahrheiten, auf Erfahrung gründen
eine ſehr weitläuftige und ſehr mühſame Sache
iſt; daß es viel angenehmer und ſchmeichelhafter
ſeyn würde, wenn wir das Syſtem der Natur
aus unſerem Kopfe entwerfen könnten; und daß
daher wohl begreiflich iſt, wie die Verſuchung
dazu, bey einigem Anſchein von Möglichkeit,
immer leicht entſtehen könne.

3) Daß wenn einmal durch die Erfahrung
gewiſſe Begriffe und Hauptſätze von den Kräften
und Geſetzen der Natur begründet und uns bekannt ſind; - alsdenn vieles nicht weiter braucht
beobachtet oder aus der Erfahrung erſt
gelernt zu werden, ſondern ſchon vermöge der

bereits

bereits erkannten Natur der Dinge geſchloſſen
und vorausgeſehen werden kann. Zu den
Gründen dieſer Schlüſſe gehören auch die ausgemachten Sätze von unſerer eignen Natur. Und
weil bey aller unſerer Erkenntniß nichts ſo be-
ſtändig und allgemein vorkömmt als dieſe unſere
eigene Natur, im Verhältniß zu welcher wir
allein die Natur anderer Dinge kennen lernen:
ſo kann alſo mit Recht behauptet werden, daß
die wiſſenſchaftliche Aufklärung und Feſtſetzung
der Hauptſätze von unſerem Erkenntnißvermögen,
und der ganzen menſchlichen Natur, allemal
eine der wichtigſten Grundlagen zur gründlichen
Erkenntniß der Natur überhaupt ſey; wie wenig
ſie auch, für ſich allein ohne die Hülfe anderwei-
tiger Erfahrungen, zureichen kann, die ganze
Natur und ihre Geſetze uns bekannt zu machen.

4) So fern nun dieſe unſere Kenntniß der
Natur und der in ihr enthaltenen Dinge auf der
Erfahrung beruht, und wir nicht gewiß ſeyn können, wie viel neues und anderes zu derſelben noch
hinzu kommen könne: kann freylich dieſer unſerer
ihrem Inhalte nach empiriſchen, wenn auch in
ihrer Form noch ſo wiſſenſchaftlichen, Erkenntniß
die abſolute Nothwendigkeit und Allgemeinheit nicht behauptet werden, welche
bloßen Vorſtellungen, vermöge der Natur
des Vorſtellungsvermögens, zukömmt. Aber
was die völligſte Uebereinſtimmung aller Erfah-

len, als was nicht den tauſendſten Theil derſelben
für ſich hat; überhaupt wiſſenſchaftlich bear-
beitete Erfahrung, weil es im Grunde doch Erfahrung iſt, immer zur verächtlichen Empirie
herabſetzen; kann doch, bey genauer Erwägung,
eben ſo wenig billig und wohlgethan ſcheinen;
als wenn man auf alle Wiſſenſchaft, die es nicht
mit bloßen Begriffen und Vorſtellungen zu thun
hat, Verachtung legen; und dem Menſchen etwa
nur die Wahl übrig laſſen wollte, entweder nach
ſeinen eigenen, **bloß ſubjectiven,** Ideen zu
denken und zu handeln; oder gar nicht als ein
vernünftiges Weſen nach Grundſätzen und
erkannten Geſetzen der Natur, ſondern, als ein
bloß empfindendes Geſchöpf, nach Maaßgabe
des jedesmaligen Eindruckes, und dem Inſtinct
ſich zu beſtimmen. *)

*) Ich breche hier ab: weil ich befürchte, es möchte,
bey der einmal feſtgeſetzten Bogenzahl, für das
Uebrige, was noch in dieſen Band kommen ſoll,
an Raum fehlen. Läßt es ſich thun: ſo werde ich
den dritten Abſchnitt, von den Mitteln den Begriffen die möglichſte Beſtimmtheit zu verſchaf-
fen, zuletzt noch einrücken. Ungern würde ich
auch deswegen damit zurückbleiben; weil ich am
Ende das Bekenntniß ablege, wie mir bey gegenwärtiger Unterſuchung die Ueberzeugung von der
Richtigkeit des Kant. Begriffes von ſynthetiſchen
Sätzen, auch in Anwendung auf die mathematiſchen Sätze, entſtand.

II.

II. Ausländische Schriften.

I. De la force publique confiderée dans tous fes rapports. à Paris 1790. 196. S. 8.

Diefe Schrift, deren Gegenstand zu den wichtigsten des Staatsrechtes und der Staatsklugheit gehört, empfiehlt sich eben so sehr durch Gründlichkeit der Einsichten als Freymüthigkeit und Nachdruck der Darstellung. Der Verf. *) ist ein entschiedener Freund der Freyheit, und also auch der Revolution in seinem Vaterlande; hielt es aber für nöthig, das Nachdenken der gegenwärtigen Gesetzgeber bey dem wichtigen Artikel der öffentlichen Gewalt anzuhalten, und auf Gesichtspunkte aufmerksam zu machen, die ihm nicht genug beachtet zu werden schienen. Zuförderst also und hauptsächlich beschäftiget er sich mit der Armee und der Nationalmiliz, deren Umfang, Zwecken, Verhältnissen gegen einander und Befehlshabern. Die erste allein sey gegen auswärtige Feinde zu gebrauchen;

F 4

*) Nach verschiedenen Versicherungen, die ich desfalls erhalten habe, soll es der durch mehrere Schriften

chen; die letztere schlechterdings nicht geschickt
dazu. Nicht nur vertrage sich nicht die bürgerliche Freyheit und Gleichheit (bey der itzigen meist
demokratischen Verfassung Frankreichs) mit der
militärischen Subordination; sondern grausamer
würden die Kriege werden, wenn jeder Bürger
des Staates als ein gegenwärtiger oder künftiger
Theil der Armee vom Feinde betrachtet werden
könnte. In dieser Hinsicht betrachtet der Verf.
die stehenden Armeen als eine der größten Wohl-
thaten für die Menschheit Ah! schreibt er S. 119.
und ich gebe diese Stelle in der Grundsprache,
weil ich besorgt bin, sie möchte in der Ueber-
setzung verlieren, c'etoit une heureuse invention,
que ce bel art, ce beau système de guerre
moderne, qui ne mettoit en action, qu'une
certaine quantité de forces consacrées à vuider
les querelles des nations, et qui laissoit en paix
le reste, qui suppléoit le nombre par la
discipline, balancoit les succes par la science,
et placoit sans cesse des ideés d'ordre et de
conservation au milieu des cruelles necessités,
que la guerre entrennoit. Si on renouvelloit
l'ideé fabuleuse de deux genies tout puissants
chacun dans leur genre, et gouvernant les de-
stinées des hommes; apresque le genie du mal
se seroit epuisé à creer le fléau de la guerre, le
genie du bien auroit-il pû imaginer un plus
sublime moyen de l'adoucir et de le rendre
moins desastreux pour le genre humain? —

Der

Der Nation kommt es zu, mittelst einer besondern Commission gut ausgewählter Mitglieder
in nicht zu geringer Anzahl, die Größe der Armee
in Friedenszeiten zu bestimmen; desgleichen die
Art der Unterhaltung derselben oder der Anwer-
bung, den ordentlichen Sold, und die Summen
zu außerordentlichen Belohnungen kriegerischer
Verdienste.   Aber die Vertheilung dieser Summen, so wie die ganze Administration und Di-
rection der Armee, muß dem Könige überlassen
werden.   Dem Könige müssen sie auch schwören, wenn man überall schwören lassen wolle;
dem Könige zu gehorchen und dem Gesetze
treu zu seyn.   In diesem Eide, und überhaupt
bey allen Gelegenheiten, die Nation zu nennen,
sey nicht rathsam; da Volkshaufen so leicht ver-
führt werden können, diesen Begriff falsch anzuwenden.   Doch können die obersten Befehlsha-
ber der Truppen der Nation verantwortlich gemacht werden.

Die Bestimmung der Nationalmiliz
sey hauptsächlich, die Freyheit, gegen Unterneh-
mungen des Königes mittelst der Armee, zu
sichern.   Um dieser Absicht zu entsprechen,
könne ihr eine solche Einrichtung gegeben werden, bey der sie sehr wenig Beschwerden für den
Bürger verursacht.   Die Ideen dazu trägt der
Verf. K. VII. vor; die vornehmsten sind diese:
die Mitglieder der Nationum und der Gerichts-
e rc.

bey der Armee wirklich dienen, ausgenommen; sollen alle Einwohner des Reichs, die über 16 und unter 50 Jahre alt sind, dazu eingeschrieben seyn. Niemand aber wird dadurch gehindert, seinen Aufenthalt zu verändern; nur muß er dieß anzeigen. Keine weitere Eintheilungen als in Compagnien, Bataillons, und Ortschaften; keine Befehlshaberstellen, als der Hauptleute, und Lieutenants bey den Compagnien, und der **Commendanten** wenn mehrere derselben vereinigt sind. In ihren Fahnen die Inschrift: **für Freyheit, Gesetz und Vaterland.** Eine gemeinschaftliche Uniform fürs ganze Königreich, so einfach als möglich, zum Gepräge der Knöpfe das **Gesetz.** Noch müsse diese Uniform niemanden aufgedrungen werden, oder eine Auflage daraus entstehen; sondern einem jeden frey bleiben nach seinem Vermögen darinne zu handeln. Nur bey großen politischen Gelegenheiten, wenn die Freyheit in Gefahr ist, dürfe diese Bürgermiliz gebraucht werden. Für andere wichtige und oft vorkommende Ereignisse, müssen bürgerliche **Policeywachen** (garde citoyenne) vorhanden seyn; bey welchen jeder der nicht Dienste thun will, sich frey machen kann, dadurch daß er einen andern für sich stellt. Ferner zur Sicherheit der Landstraßen eine *Maréchaussee*, für die der Verf. eine bessere Einrichtung, als die bisherige war, vorschlägt. Alle diese Artikel, wie wohl sie mit Betrachtungen

durch-

durchwebt, und auf eine solche Art ausgeführt
sind, daß sie mit allgemeinem Interesse gelesen
werden können, sind doch so gemeinwichtig und
anziehend nicht, als der Inhalt der letzten Kapitel; aus denen ich daher vollständigere Auszüge geben will.

§. XXI. **Ueber das Recht des Krieges
und des Friedens.** In diesem Rechte der
obersten Gewalt sind vielerley Theile enthalten,
die wohl von einander unterschieden, und bey
der Frage, wem dieß Recht im Staate zukomme, besonders erwogen werden müssen. Ein
anders ist das Recht den Krieg zu beschließen,
ein anders, ihn zu führen. Eben so, zu entscheiden, daß es Zeit sey, Friede zu machen,
und, nach Willkühr die Bedingungen desselben
zu bestimmen. Der Römische Senat hatte das
Recht des Krieges und Friedens. Aber die
Consuln hatten das Commando über die Armeen
mit unumschränkter Gewalt; bloß mit der Verbindlichkeit, das Wohl des Staates vor Augen
zu haben. Auch das Geschäfte der Friedens-
Unterhandlung war ihnen bisweilen, in Kriegen
mit sehr entfernten Völkern, überlassen. Erobe-
rer, wie Alexander oder Dschinngischan, mögen
das Recht des Krieges und Friedens, in seinem
ganzen Umfang, für sich allein gehabt und aus-
geübt haben. Ueberlegenheit der Macht und
des Kopfes erklä---

man es wohl glauben, daß je Völker, und schon
sehr aufgeklärte Völker, dieses volle Recht ihrem
Monarchen zuerkannt, ein Erbtheil des Thrones
daraus gemacht hätten?

Wie? Er allein soll das Recht haben, durch
einen Befehl aus dem Innern seines Pallastes
eine ganze Nation in Waffen und in Zwist mit
einer andern zu setzen; sie in alle Greuel und
Gefahren des Krieges zu stürzen, sie zu entkräf-
ten, vielleicht auf ein ganzes Jahrhundert zu
Grunde zu richten; und endlich, wann und wie
es ihm beliebt, ihr den Frieden wieder zu geben;
nach seinem Gefallen die Bedingungen desselben
festzusetzen, vielleicht einen Theil seiner Staaten
und Völker abzutreten, zu vertauschen, verbind-
lich zu machen, oder zu verkaufen, als ob es
seine eigenthümlichen Landgüter oder Sklaven
wären?

Ja, so übten Carl V, Ludwig XIV und ihre
Nachfolger, so übten oder üben noch immer
viele andere Könige, die keine Despoten seyn
wollen, und deren Völker wirklich große Privi-
legien besitzen, dieß entsetzliche Recht des Kr. u.
Fr. aus; das barbarischste und unvernünftigste
Recht, das je Nationen in ihrer Verblendung
einem Menschen zugestanden haben. (Der
Verf. führt nun einige bekannte Beyspiele des
verderblichen Gebrauches an, den die Regenten
von Frankreich seit Ludw. XIV, von dem Rechte
des Krieges gemacht haben; und fährt dann
fort)

Und dieſes **Recht des Friedens**, zu welch nem ungeheuern Umfang und Mißbrauche hat ian es nicht ausgedehnt! Zum Rechte, jed‐ ede Unterhandlungen mit allen Völkern zu pfle‐ en, und alle Arten von Verbindlichkeit der lation ohne ihre Einwilligung, aufzubürden.)aher entſtand die elende heutige Politik der ge‐ iimen Cabineter; die mit ihren unſichtbaren iefpinnſten alle Nationen beſtrickt, und ohne nterlaß ihren Wohlſtand und ihre Ruhe in iefahr ſetzt. Daher das heilloſe Syſtem der llianzen, des Gegengewichts und Gleichge‐ ichts, der angeblichen Bewahrungs‐ und Ver‐ ahrungstractaten. (de traités pretendus conſer‐ atives ou preſervatives) Daher die kleine :unſt, große Depeſchen auszufertigen, und die Ingelegenheiten ſo viel möglich zu verwickeln.

Daher endlich die tolle und höchſt gefährliche nmaßung immer vorherzuſehen — was nie immt; und dadurch das gegenwärtige Zeital‐ r in Feuer zuſetzen, um das künftige gegen Beſorgniſſe zu ſichern, mit denen ſichs ſchon von bſt gegeben haben würde.

Noch nicht genug. Zufolge dieſes Rechtes s Friedens hat man ſich des entſcheidendſten influſſes in die auswärtige und inländiſche anblung bemächtiget. Zufolge deſſelben wurde e eine oder die andere Nation, die eine oder

Industrie begünstiget oder zurückgestoßen; ermuntert, oder belastet und niedergedrückt.

Würde es so haben gehen können; wenn dieser wichtige Zweig der Regierungsangelegenheiten unter der freyen Untersuchung einer aufgeklärten Nation gestanden hätte, statt daß er den verborgenen und veränderlichen Grundsätzen der Cabineter und ihrer Unterhändler überlassen war?

Gehört denn aber nicht nothwendig das Recht des Krieges und Friedens dem Souverän?

Dem Souverän? O, ganz gewiß! Und eben darum fordern wir es izt zurück. Izt ist die Oberherrschaft nicht mehr auf dem Thron; sie ist dahin zurückgekehrt, wo sie ursprünglich sich befand, und wo sie, kraft eines unverjährlichen Rechtes, seyn muß; sie ist wieder in den Händen der Nation. Der König ist izt nur der Inhaber eines der Rechte der obersten Gewalt, das ihm anvertraut ist; und die Nation, die es ihm anvertraut, kann nach ihrem Gefallen die Grenzen desselben erweitern oder verengen.

Aber, wird man vielleicht einwenden, hat nicht der König von England, der König eines freyen Volkes, dieß Recht des Kr. u. Fr. warum wollten wir die Gewalt unseres Königes noch mehr einschränken? — Es kömmt hier nicht so wohl auf Beyspiele, als auf richtige Grundsätze an. England und Frankreich sind in gar manchem Betracht von einander verschieden.

den. Und — kurz heraus zu sagen — so ein
eifriger Bewunderer der englischen Staatsver-
faffung ich auch bin, und so gern ich es gesehn
hätte, wenn wir in einigen Punkten sie zum
Muster genommen hätten: so glaube ich doch,
daß wir in andern Stücken eine weit bessere haben werden.

Es scheint mir also von der äußersten Wichtigkeit zu seyn, erstlich das Recht Krieg anzufangen nicht dem Monarchen zu überlassen.
Denn die größte und fast einzige Gefahr für die
innere Freyheit wäre von einem ehrgeizigen und
kriegerischen König zu befürchten; wenn derselbe
von einem glücklichen Krieg mit einem seiner
Siege gewohnten und von seinem Ruhm trun-
kenen Heere zurückkehrte. Um diese Gefahr zu
vermindern, muß es also der Monarch nicht in
seiner Gewalt haben, wenn er will, Krieg zu
erregen und anzufangen.

Aber außerdem ist der Krieg an sich selbst
eine gar zu bedenkliche Sache; allzu viele Uebel,
Gefahren, Schläge für Ackerbau, Handlung,
Bevölkerung und alle Theile des öffentlichen
Wohls, entspringen aus ihm; als daß sich nicht
ie Nation das Recht vorbehalten sollte, selbst
u entscheiden, ob er nothwendig sey. Eine
ber ihre wahren Vortheile aufgeklärte Nation
irrd sich so leicht nicht dazu entschließen; nicht
m kleiner Leidenschaften und Mißverständnisse

ihre Würde wirklich erfordere, und nicht in eine
überspannte Empfindlichkeit dabey verfallen, die
unter ihr wäre. Endlich aber wird ein Krieg,
den die Nation selbst beschlossen hat, somit auch
allen ihren Mitgliedern heiliger und weniger lä-
stig seyn. Williger werden sie sich und stärker
anstrengen, indem sie ihn als ihre Sache betrachten; anstatt daß selbiger sonst nur als die Sache
eines Ministers, oder Gesandten, oder einer Hof-
partei zu betrachten war.

Aber, wird man sagen, sollte es nicht genug
seyn, wenn, wie in England, ausgemacht
wird, daß keine Auflagen ohne Einwilligung der Nation gemacht, fortgesetzt oder erhöht
werden können? Und wenn außer dem noch die
Minister der Nation verantwortlich sind? Was
könnte den König und seine Räthe bewegen, einen Krieg anzufangen, wenn die Nation die
Mittel verweigern kann ihn zu führen? Und
welcher Minister wird sich nicht scheuen, unnö-
thiger oder ungerechter Weise dazu zu stimmen;
wenn die Nation ihn deswegen zur Rechenschaft
fordern, und seine Unklugheit oder sein Verbrechen hart bestrafen kann?

Sonderbarer Widerspruch der Grundsätze;
dem Oberhaupte das Recht zu überlassen, den
Krieg anzufangen und zu erklären; und der Nation das Recht zu bedingen, die Mittel zu seiner
Führung zu verweigern. Wenn der Krieg angefangen, wenn die Sicherheit, die Ehre und
Wohl-

Johlfarth der Nation aufs Spiel gesetzt ist: ird sie alsdenn noch umhin können ihre Kräfte zu aufzubieten? Was die Verantwortlichkeit r Minister anbelangt: so wird es erstlich einem schickten Minister nicht schwer seyn, den Faden den Triebfedern, die er zur Erreichung seiner ssicht ins Spiel gesetzt hat, abzureissen; die ttige Politik wird es ihm leicht machen, in ih- so günstigen Dunkelheiten sich einzuhüllen. ob, wenn er enthüllt, wenn er gestraft seyn rd; was für eine Entschädigung ist dieß der ation für einen Krieg, den sie nichts desto riger auszuhalten, und bisweilen zu verlängern zwungen seyn kann?

Noch immer wird man mir England anfüh- 1. Aber England hat vom Krieg nicht so viel befürchten als Frankreich. Nicht so viel für ne Freyheit; der König bekömmt dadurch ne so fürchterliche Landarmee in die Hände, icht für seine Sicherheit; von Meeren umge- 1 und beschützt, mit seinen mächtigen Flotten, ht es die Greuel des Krieges an seinen glück- sen Ufern sich brechen, wie entkräftete Wellen, fließen.

Wenn also der König Krieg anfangen will, er besser zu sagen, wenn er ihn für nöthig hält: wird er die jedesmaligen Repräsentanten der sesetzgeb. Gewalt (la legislature en exercice) nn sie nicht beysammen sind, außerordentlich sammeln: Gründe für und wit

Krieg werden dieser Versammlung von den Ministern des Königs vorgetragen, und von ihr
erwogen werden.   Wenn nun derselbe für unver-
meidlich erkannt worden ist: so wird der König
bevollmächtiget werden, ihn zu unternehmen.
Und zu gleicher Zeit wird die Nation die dazu
nöthigen Mittel an Menschen und Geld; sie
wird alle ihre Kräfte ihm dazu anvertrauen.

Hiebey zeigt sich nun der Unterschied zwischen Recht Krieg anzufangen und Recht
Krieg zu führen deutlich.   Jenes gehört der
Nation; dieses dem Könige.   Ihm kömmt es
zu, dem Heere Bewegung, Thätigkeit, Eifer
und Muth mitzutheilen; er muß in Verbindung
mit seinen Generalen und Ministern die Opera-
tionsplane entwerfen, ihre Ausführung von ferne
leiten, oder wenn er will, auch selbst mit über-
nehmen.   Und wenn er sich nun durch Mühse-
ligkeiten, Einsichten und Muth um seine Nation
große Verdienste erwirbt: so muß diese es auch
zu erkennen und zu ehren wissen.   Daburch, daß
sie es thut, und ihm durch Frohlocken und Denk-
mahle ihre Verehrung öffentlich bezeugt,
ehret sie sich selbst; und der Ruhm ihres Anfüh-
rers wird ein oft entscheidender Zuwachs ihrer
eigenen Macht.

Auch beym Rechte des Friedens läßt sich
zweyerley unterscheiden; nemlich das Recht zu
entscheiden, wann es Zeit ist Frieden zu schließen,
und das Recht die Unterhandlungen zu führen,

und

und die Bedingungen festzuſetzen. Das erſtere
ſcheint mir nun unſtreitig dem Throne zuzugehö-
ren. Denn wer ſollte beſſer wiſſen können, wann
es nöthig oder rathſam iſt den Krieg zu endigen,
als derjenige, der ihn führt oder lenkt? Wer
onſt die vortheilhaften und nachtheiligen Erfolge,
die er gehabt hat, und die er befürchten und
hoffen läſſet, richtig ſchätzen können? Wer über
den Zuſtand und die Geſinnungen der Truppen,
über das Verhältniß der eigenen und der feind-
lichen Kräfte beſſer urtheilen? Und wer alſo aus
der Vereinigung aller dieſer Kenntniſſe abnehmen
können, wann der vortheilhafteſte Zeitpunkt zu
Unterhandlungen und zum Frieden vorhanden
iſt, beſſer als eben das Oberhaupt der Armeen?

Mir ſcheint es ferner, daß auch die Leitung
der Unterhandlungen ihm zu überlaſſen ſey.
Denn dieſe hängen ſo genau mit den Erfolgen
im Kriege und mit dem Glücke der Waffen zuſammen; daß nur derjenige die einen gut leiten kann, der die andern leitet. Die Unterhandlungen erfordern oft die ſorgfältigſte Ge-
heimhaltung, wenn ſie gelingen ſollen; ihr guter
Fortgang kann bisweilen von Verbindungen und
von Mitteln abhängen, die eine Nationalverſammlung nicht kennen kann, und ohne Nachtheil ihrer Würde vielleicht nicht kennen darf.

Aber dieß Recht die Unterhandlungen zu
führen ſchließt nicht das Recht in ſich, die Bedin-

dieses die Nation sich vorbehalte, ist von großer
Wichtigkeit. Sie allein muß es beurtheilen,
was sie aufgeben oder erwerben darf; und welches Opfer sie mit dem wenigsten Nachtheil bringen kann, wenn sie zu einem sich entschließen
muß. Sie allein hat es zu entscheiden, was sie
beschimpfen oder ehren, ihren Wohlstand vermehren oder vermindern kann.

Der König kann also keine Provinzen abtre-
ten; hiezu kann nur die Nation berechtiget seyn.
Ja, wenn wir auf die ersten Begriffe der Vernunft und Gerechtigkeit zurückgehn, nach welchen sich die Verbindungen der Völker eben so
richten müssen, wie die Verbindungen einzelner
Menschen: so hat nicht einmal die Nation das
Recht, Provinzen wider deren Willen an andere abzutreten. Sondern sie kann nur, wenn
der Feind sie erobert hat, sagen: Ihr seyd in
der Gewalt des Feindes, und wir sind nicht im
Stand, derselben euch zu entziehen. Unter-
werft euch, wie wir es auch müssen, der Nothwendigkeit und dem Gesetze des Stärkern, —
Gesetzt aber, daß sie der Feind nicht in seiner
Gewalt hat, und daß man sie hingiebt, um
größern Uebeln auszuweichen, die außerdem ein-
treten würden: so kann man sagen: die überle-
gene Macht und das Wohl der Nation zwingen
uns, uns von euch zu trennen, und euch dem
Feind zu überlassen. Seyd ihr für euch allein
nicht im Stande ihm zu widerstehen: so befiehlt
euch)

uch die Klugheit, in diese Abtretung zu willigen; und unsere Pflicht hiebey ist, so vortheilhafte Bedingungen, als immer möglich ist, für
uch auszumachen.

Aber mit allen diesen Bestimmungen des
Rechtes des Kr. u. Fr. ist noch nichts ausgerich-
et; wenn nicht auch das Recht Bündnisse und
Verträge zu schließen in Ordnung gebracht wird.
Denn in diesen Bündnissen und Verträgen lie-
en oft die Keime der Kriege; öfter werden sie
adurch vorbereitet, als abgehalten.

Unstreitig muß also dieses Recht die Nation
haben. Sie hat es zu beurtheilen, ob und in
ie fern sie ihr nachtheilig oder zuträglich seyn
nnen. Ist von Handlungsverträgen die Rede:
 muß sie die Kaufleute zu Rathe ziehen, und
ren Vortheile gegen die Rechte der Güterbe-
er und die Absichten der Politik abwägen.
o verwickelte und so viel umfassende Angele-
nheiten erfordern die vereinigte Untersuchung
gegengesetzter Parteien, (discussions contra-
ories) und das helle Licht des öffentlichen
theils.

Aber wer wird die Unterhandlungen leiten?
er wird die Personen dazu erwählen; wer sie
ter einander in Verbindung erhalten; wer
er die Bewegungen und Anschläge der andern
ationen ein wachsames Auge haben? — Wer?
erjenige der die vollziehende Gewalt hat: nie-

men. Die auswärtigen Nationen müssen nur
allein das Oberhaupt der Nation kennen; mittelst desselben muß die Nation mit ihnen tracti-
ren und abschließen. Der König, nur er allein,
muß die Tractaten unterzeichnen; aber nur mit
Einwilligung der Nation muß er unterzeichnen
dürfen. So oft also diese Einwilligung nöthig
ist, müssen der Nation die Originaldocumente
der Unterhandlungen vollständig vorgelegt werden; kein Geheimniß gegen sie findet itzt mehr
statt; denn sie ist der Souverän, und übt die
höchste Gewalt in ihrem ganzen Umfange hiebey aus.

Aber, kann man wieder einwenden, es
giebt Tractaten, die die Klugheit für künftige
Fälle zu bereiten und geheim zu halten befiehlt?
Nun, diese mag der König *vorbereiten*; aber
abschließen darf er nicht. Jene geheimen
Bündnisse aber, jene geheimen Tractaten und geheimen Artikel können itzt als Ueberbleibsel einer
veralteten Politik ihren Archiven überlassen werden; eine große, mächtige, freygewordene, Nation, die sich nicht vom Ehrgeiz regieren lassen,
sich selbst genug seyn will, hat sie nicht mehr
nöthig. Wir fangen eine neue Zeitperiode an,
treten in ganz andere Verhältnisse ein; wir müssen also auch eine andere Politik annehmen.

Schon der vorige König von Preußen, als
er nach rühmlich geendigtem siebenjährigen Kriege, ein fürchterliches Heer und wohleingerichtete

Finan-

;inanzen zu Stützen feiner G·öße hatte, zeigte
Zerachtung gegen die verwahren und verhüten
)llenden Tractaten; die zum voraus einschränken
m folcher Ereigniffe willen, die wohl gar nicht
ntreffen, und folcher Vortheile, denen Zeit und
;mstände eine ganz andere Wendung geben kön-
en. Sein Grundfaß war, nur von fich abzu-
i;gen; und in Bereitschaft fich zu halten, den
Schickungen fich entgegen zu stellen, oder fie zu
;nußen, wenn fie da find.

Dieß Snftem, ganz auf die Stärke gegrün-
;t, ist nur die eine Hälfte von denjenigen, wel-
es Frankreich künftig zu befolgen hat. Auf
r Vereinigung der schönsten und edelsten Gründe
uß feine Politik beruhen. Ganz gewiß muß
;tärke einer derfelben feyn; aber auch Gerech-
gfeit und Wahrheit. Ganz Europa muß es
fahren, daß Frankreich feine Politik von allen
inflüffen des Ehrgeizes rein erhalten werde;
ıß es eben fo wenig erobern als verlieren wolle;
ß es feine ißigen Grenzen betrachte, als ob es
ıveränderliche von der Natur felbst errichtete
chranken wären; daß es Freunde, nicht Al-
rte, haben wolle; daß es alle feine Nachbarn
ıcklich und frey zu fehen wünsche, aber doch
; an ihren Staatsveränderungen, aus welchen
eweggründen fie auch entspringen mögen, thä-
;en Antheil nehmen werde.

Wie vom Augenblick diefer edlen Erklärung

alsdenn und einstimmig damit alles, was wir in diesem Kapitel angegeben haben? Ob dann nicht die Vertheilung des manchfaltigen Gehaltes des Rechtes, des Kr. u. Fr. wie wir solche als constitutionsmäßig vorgezeichnet haben, jedem Theile seinen nöthigen Einfluß innerhalb der gerechten natürlichen Grenzen sichern würde? —

Mit Vergnügen würde ich diese Auszüge fortsetzen; wenn Raum dazu vorhanden wäre. Zum lesen des Ganzen anzureizen, wird, wie ich hoffe, das bisherige schon hinreichend seyn.

II. Etudes de la nature, par Jacques Bernardin Henri de St. Pierre. 4. Voll. 8. Paris 1788.

Die erste Ausgabe dieses Werks erschien 1784; eine zweyte 1786. Die dritte habe ich vor mir; es soll aber schon eine vierte heraus seyn; außer mehrern Nachdrücken, die, wie der Verf. klagt, in und außer Frankreich gemacht wurden. Die dritte Ausgabe hat nur eine einzige Anmerkung vor der zweyten voraus, die der Verf. dazu im Vorbericht zum vierten Theil gelegentlich eingerückt hat; zum Besten der Besitzer der vorigen Ausgabe, damit diese, wenn sie auch nur den vierten Theil der neuen sich anschafften, gar nichts entbehrten. Also vermuthe ich nicht, daß die vierte Ausgabe, wenn

denn sie auch vorhanden ist, beträchtliche Vor-
üge haben werde.

Die Hauptabsicht des Verf. in diesem Werke
t, durch Beförderung richtigerer und ausge-
reiteterer Begriffe von der Natur, die Ueberzeu-
ung allgemeiner zu machen, **daß alles in der
Natur gut,** und wirklich von der Gottheit da-
in eingerichtet sey, daß wenn die Menschen
en Anweisungen und Gesetzen der Natur folgen,
e auch zur Glückseligkeit, nach der sie streben,
elangen können; entweder schon in diesem
der doch gewiß **in einem künftigen Leben.**
sine viel befassende Bekanntschaft mit der Na-
r kann dem Verf. nicht abgesprochen werden.
Ind er hat sich dieselbe nicht nur aus Büchern,
esonders Reisebeschreibungen, die er in großer
Inzahl mit guter Auswahl und Genauigkeit an-
ührt, sondern auch durch eigene Reisen in süd-
chen und nördlichen Gegenden erworben. Seine
genen Nachrichten von *Isle de France*, wo er
ch eine Zeitlang aufhielt, sind bekannt. Sein
Bortrag ist zwar nichts weniger als strenge sy-
ematisch; Digressionen erlaubt er sich sehr oft,
nd auf mancherley Weise. Aber so wohl, was
: sagt, als die Art, wie er es sagt, hat doch
isgemein so viel anziehendes, daß man ihm
nmer folgt, und daß, wenn man auch nicht Ue-
rzeugung findet, man es doch nicht bereut,
iit ihm sich unterhalten zu haben.

Die Abschnitte der vier Theile folgen also
auf einander. Unermeßlichkeit der Natur und
genauer Zusammenhang aller ihrer Theile —
S. 122. Wohlthätigkeit der Natur — 135 Zweifel wider die göttliche Providenz — 142. Beantwortung derselben in so fern sie den Erdkörper
überhaupt betreffen 271. In Beziehung auf
das Pflanzenreich S. 304. das Thierreich S.
346. das menschliche Geschlecht insbesondere
491. Die Hoffnung des künftigen Lebens — 538.
Einwürfe gegen die bisherigen Methoden und
Gründe der Wissenschaften Th. II. S. 59. von
einigen allgemeinen Naturgesetzen, nemlich der
Ordnung, Harmonie, des Contrastes rc. — S. 241.
Besondere Anwendung davon auf die Pflanzen;
und zwar in Beziehung auf die Sonne, das
Wasser, die Luft, der Pflanzen unter einander,
in Beziehung auf die Thiere überhaupt, und den
Menschen insbesondere — S. 540. Von einigen moralischen Naturgesetzen; in Beziehung auf
die äußere Sinne Th. III. S. 71. Auf die innern Empfindungen oder Empfindnisse, und
daraus entspringenden Triebe, Mitleiden, Va-
terlandsliebe, Wohlgefallen am Wunderbaren,
an Geheimnissen, am Melancholischen, die Ge-
schlechtsliebe, Tugend, — S. 168. Anwendung der Naturgesetze auf die Uebel der Gesellschaft, mit besonderer Hinsicht auf Paris, den
Adel, die Geistlichkeit — 357. Von der Erziehung — S. 429. Kurze Widerholung der
Haupt-

Hauptresultate — 463. Erklärung der Figuren
für die physisch = und mathematisch = geographi=
schen Behauptungen des Verf. nebst noch einigen
neuen Gründen derselben S. 514. Der auf die
Botanologie sich beziehenden — S. 540. Im
vierten Theil wiederhohlt der Vorbericht auf
82 S. nochmals die Hauptideen des Verf. die
physisch = mathematische Geographie betreffend.
Dann folgen zwey trefliche Gemählde, durch
welche der Verf. einige seiner Lieblingsideen noch
anschaulicher zu machen sucht; durch das erste
nemlich das **Glück der Unschuld**, in zwey
armen, von der ganzen übrigen Welt fast ganz
abgesonderten **Familien**, unter der Aufschrift
Paul und Virginie; wovon bereits ein
Auszug im Teutschen erschienen ist, unter dem
Titel, **die Familie auf Isle de
France**; durch das andere die Wirkungen einer
weisen Gesetzgebung bey den ersten Anfän=
gen der Cultur eines Volkes. Es ist aber nur ein
Fragment; und hat lange nicht die Reitze des erstern.

Um mit dem System des Verfassers be=
kannt zu werden, muß man zuförderst wissen,
was er für Vorstellungen hat von den Quellen
und Mitteln, durch deren Gebrauch die Men=
schen zur Wahrheit gelangen. Diese sind nun
nicht zum Vortheil der **Vernunft**. Ein edle=
es höheres Vermögen, das er Gefühl oder
Empfindniß (sentiment) nennt, scheint ihm

ten und allzuleicht durch das Interesse der Leidenschaften zu verführenden Vernunft, den Menschen zu rechte zu weisen; ohne Gründe der Vernunft, oder auch troß ihrer Gegengründe, zum
Glauben ihn zu bestimmen; zum Glauben an
seine Existenz, an Gott und an Unsterblichkeit;
ihn aufzurichten unter dem Druck der Leiden,
und über allen thierischen Genuß ihn zu erheben.
Vielleicht hat diese Philosophie des Verf. ihren
Grund mit in dem, was er von dem Zustand,
in welchem seine Verstandeskräfte sich eine Zeitlang befanden, an mehrern Stellen seines Werkes anführt.   Durch widrige Schicksale nieder-
geschlagen und unzufrieden mit der Welt, durch
anhaltendes Lesen und Nachdenken, wodurch er
Beruhigung und Zufriedenheit suchte, vielmehr
entkräftet und in seiner Gesundheit zerrüttet,
verfiel er in eine Nervenkrankheit; bey welcher
der Zustand seines Verstandes von völliger Ver-
rücktheit nur dadurch noch unterschieden war,
daß er sich der in seinem Ideensysteme entstan-
denen Unordnung bewußt, und also gegen die
ihm daraus entstehenden Vorstellungen und Urtheile mißtrauisch war.   Mißtrauisch gegen die
Hülfe der Aerzte war er vorher schon.   Indem
er nun unter diesen Umständen alle Hoffnung,
Hülfe bey der Vernunft zu finden, auf, und
gänzlich sich in den göttlichen Willen ergab;
haben Gemüthsruhe und Gesundheit sich
wieder bey ihm eingestellt.   Aber nicht nur dieß
sey

sey der Erfolg jener Wendung und Erhebung
zur Gottheit gewesen. Sondern, unter dem
Gesichtspunkt, den er itzt nahm, sey ihm die
ganze Natur in einem andern Lichte erschienen.
In Beziehung auf moralische Geseße und Zwecke
fand er alles harmonisch, bey allem einen guten
Grund (raison); da ihm Unordnung, Zufall,
Dunkelheit und Unbegreiflichkeit begegneten; so
lange er, nach unsern herrschenden, wissenschaftlichen Systemen, nur physische Ursachen (causes)
und Geseße aufsuchte. S. Tome IV. pag. 193 s.
und 272 s.

Ich hoffe, daß keiner von meinen philosophischen Lesern, oder doch nicht viele, durch das bisherige, so sehr gegen den Verf. eingenommen
seyn werden, daß sie es nicht der Mühe werth
finden sollten, einige weitere Erklärungen über
diese Begriffe von Gefühl und Vernunft von
ihm zu vernehmen. Er giebt sie am geflissent-
lichsten im dritten Theil Daß sie sehr unvollkommen seyn, (des vues vagues et indetermi-
nées) und daß er hoffe, daß sie einst durch andere mehr Licht und Bestimmtheit erhalten werden, sagt er selbst. III. 10. Er sucht durch
mehrere Gegensäße die Begriffe von Gefühl
und Vernunft aufzuklären; unter andern S. 11.
ff. durch folgende 2c. V. u. G. kommen wohl
bisweilen zusammen; die Evidenz, die wir bey
allen Anwendungen unserer Vernunft zu erreichen
suchen, ist nichts anders als die

elle même qu'un simple sentiment). Aber
dieses bleibt der Natur getreuer, indem jene
manchfaltig von ihr abweicht. Diese bildet viele
witzige Köpfe (hommes d'esprit) in angeblich ge-
sitteten Jahrhunderten; jenes Genies in angeblich barbarischen; dieses vielmehr als jene
bringt in Kunstwerke Interesse. Si vous vou-
lés faire disparoitre l'interêt d'un ouvrage, où
il y a du sentiment, vous n'avés qu' à y mettre
de l'esprit. L'emotion, heißt es I. 71. qui
nous fait rire, est une affection de l'esprit ou
de la raison humaine; celle, qui nous fait
verser des larmes, est un sentiment de l'ame.
Die V. ändert sich mit dem Alter; das Empfindniß ist immer dasselbe. Die Irrthümer
der Vernunft richten sich nach Localumständen;
das Gefühl hält die allgemeinen Wahrheiten fest.
Die Vernunft hat es mit dem Griechen, Eng-
länder, Türken zu thun, das Gefühl mit dem
Menschen, und mit dem Göttlichen und Unendlichen, in ihm. Die Vernunft entdeckt mit
Mühe einige verborgene Wahrheiten, und erzeugt eine Menge beunruhigender Zweifel; indem das natürliche Gefühl Ruhe, Hoffnung,
Muth und Adel in uns erzeugt.

Der Satz, womit der Verf. dieß weiter un-
terstützt und ausführt, ist nun der, daß, außer
dem Thierischen, etwas Göttliches und
nach dem Unendlichen strebendes im Menschen
sey. Dieß offenbare sich selbst in den niedrig-

sten

ften finnlichen Neigungen. Selbst im Hang
zur Berauschung, zum Fluchen und Blasphe-
miren glaubt der Verf. diesen edleren, höhern
Trieb (Erweiterungstrieb würden einige unter
uns ihn nennen) zu entdecken, obgleich noch in
thierischer Rohheit sich äußernd. III. 47. Noch leichter findet er ihn freylich in den geistigen Trieben und
Empfindungen; doch bisweilen auch hier in eigenen Wendungen. Le sentiment de l'admiration nous porte directement dans le sein de
la divinité. S'il est excité en nous par quel-
que objet de plaisir, hous nous y jettons comme
à sa source; si par la frayeur, comme à notre
refuge. Dans l'un et l'autre cas, le cri de
l'admiration est: *ah mon Dieu.* III. 83. Ich
will noch eine Stelle zur weitern Bestimmung
des bisherigen ausheben, die I. 516 steht: Dieu
nous a places à une distance convenable de sa
majesté infinie; assès près pour l'entrevoir
assès loin, pour n'en être pas anéantis. Il
nous voile son intelligence sous les formes de
la matiere, et il nous rassure sur les formes de
la matiere par le sentiment de son intelligence.
Si quelquefois il se communique à nous d'une
maniere plus intime, ce n'est point par le canal de nos sciences orgueilleuses, mais par
celui de nos vertus. Das Göttliche im Menschen und das Streben darnach sagt er an einem
andern Orte, läßt sich so gar nicht ausrotten,
daß Lucrez nicht widerstehen konnte, zur Ver-
ferti-

fertigung seines Gedichts, in welchem er den
Glauben an die Götter zu vernichten sucht, eine
Gottheit anzurufen; und ihm dadurch Reize und
Schönheiten zu geben, deren Macht er fühlte.

Wie auffallend und anstößig auch einige dieser Aeußerungen für manche seyn mögen: so ist
doch nur eine Bemerkung nöthig, um einzusehn,
daß nicht alles darinne ganz verwerflich seyn könne. Nemlich die; daß die berühmtesten Männer von den verschiedensten Denkarten und Parteien, Schwärmer und kaltblütige Denker, dog-
matische, skeptische und kritische Philosophen,
Hume und sein Gegner **Reid**, der das Ge-
biet des Verstandes und der reinen Vernunft
ausmessende **Kant**, und der glaubige, aber
so gut als einer, was Raisonniren heißt, verste-
hende **Jacobi**, darinne mit einander einig sind,
daß unser Denken und Wollen nicht bloß durch
die speculirende und **demonstrirende Vernunft** regiert werde; daß, wie es einer von
ihnen ausdruckt, noch etwas anderes im Menschen walte, als der bloße **Geist des Syllo-
gismus.** Mag es nun **inneres Licht** oder
**Instinct, Gemeinsinn, Menschenver-
stand, Wahrheitsgefühl** und **moralisches
Gefühl,** oder **reine Anschauung** und **practische Vernunft, Menschengefühl, Be-
dürfniß** oder το Θειον genannt werden. Einer von diesen Namen kann vielleicht in den
meisten Fällen passender scheinen, als die andern.

Aber

Aber vielleicht druckt auch der, so der passendste
in den meisten Fällen scheint, nicht alles aus,
was in der Natur zu dem einen Ende zusammen
wirkt. Der Hauptgrund unserer Irrthümer
und der Schwierigkeiten, gegen welche unsere
wissenschaftlichen Systeme so lange schon kämpfen,
und an denen sie schon so oft gescheitert sind, ist
doch immer der, daß in der Natur so vieles
zusammen wirkt, unsere Begriffe hingegen
und unser Bewußtseyn immer nur so wenig
in sich zu befassen vermögend sind. Und eben
daraus wird es begreiflich, wie das Gefühl,
als Inbegriff mehrerer, obgleich vom Verstand
nicht entwickelter und deutlich unterschiedener
Wirkungen, in manchen Fällen richtiger bestimmen könne, als die nach deutlichen, aber weniger befassenden Begriffen, urtheilende und
schliessende Vernunft.

Wenn man nun aber auch dem Gefühl diesen Vorzug zugesteht: so ist auf der andern
Seite wiederum nicht zu leugnen, daß im viel
befassenden und unentwickelten Gefühl auch um
so leichter fremdartiges sich einmischen, und
so bey der Beziehung auf das Objective, die
doch nicht unterbleibt, Täuschungen und Verirrungen bewirken könne. Die Erfahrung hat es
oft genug gelehret; so wie es die Begriffe schon
zu erkennen geben. Will man den Glauben an
das Gefühl damit vertheidigen, daß man zwischen ruhigem, dauerhaften, allgemeinen Men-

schengefühl, und zwischen vorübergehenden lei-
denschaftlichen Empfindungen und Antrieben unterscheidet: so kann und muß man auch bey den
Aussprüchen der raisonnirenden Vernunft eben
solche Unterscheidungen gelten lassen.

Das Resultat aus allem wird immer dieß
werden müssen; daß der Mensch überhaupt
zum Empfinden so wohl als zum Raisonniren
bestimmt ist, die einen zu diesem mehr, die
andern zu jenem; daß es **gut** ist, so weit Kräfte
und Umstände es gestatten, die Gefühle zu entwickeln und aufzuklären, durch sorgfältigen regelmäßigen Gebrauch des zu Begriffen ordnenden
Verstandes und der nach Grundsätzen prüfenden
Vernunft. Aber **nicht gut**, mit dem Wenigem was man begriffen, aufgeklärt und in sein
subjectives System gebracht hat, alles ausrichten, und ohne weiteres die ganze Natur richten
und meistern zu wollen; nicht gut, das Uebrige,
was nicht klar und begreiflich ist, gar nicht zu
achten und gelten zu lassen, wie sehr sichs auch
zu empfinden giebt. **In der Natur ist so
viel, und wirkt überall so vieles zusammen**; und die Systeme, die wir mit unsern
Begriffen und Grundsätzen erbauen, wenn es
auch die reichhaltigsten sind, sind **dagegen** so
mager. Dieß ist es, was dem Gefühl und dem
gemeinen Verstande so oft Vortheile verschafft
über unsere wissenschaftlichen Systeme. Wer
diese darum für entbehrlich hält oder verachtet,

irrt

irrt ſich. Aber wir werden mit unſern Syſtemen um ſo öfter gegen Gefühl und gemeinen
Verſtand verlieren; je mehr wir uns die Mangelhaftigkeit derſelben verbergen, und mit ihnen
allein alles richten und ſchlichten oder nach ihnen
formen wollen.

· Die Einſeitigkeit der Syſteme iſt ein Hauptargument des Verf. wider ſie S. 19 u. a. O.
Ob ſein eigenes — denn er hat doch auch eines — nicht eben dieſen Fehler habe; dieß
werden die Leſer bald ſelbſt beurtheilen können.
Ich werde itzt einige der merkwürdigſten Behauptungen deſſelben anzeigen.

Beſonders viel unterſcheidendes trägt der
Verf. vor in Beziehung auf phyſiſche und ma-
thematiſche Geographie; indem er einige der
wichtigſten, bisher für ausgemacht angenommenen, Lehren beſtreitet; hauptſächlich die von der
Urſache der Ebbe und Fluth, und die damit zu-
ſammenhängenden von der Figur der Erde und
den Geſetzen, nach welchen die Weltkörper durch
Anziehung auf einander wirken. Nicht in der
Anziehung des Mondes nimmt der Verf. die
Haupturſache der Ebbe und Fluth an; ſondern
im Schmelzen des Eiſes um die Pole. Die
Fluthen nemlich (les marees) ſeyn theils directe
daher entſtehende Ströhme (courans) theils da,
wo dieſe in einen engern Canal kommen, entſtehende Gegenſtröhme (contrecourans, remoux).
Er geht von der Erfahrung aus, die man in

einigen an Eisgebirgen liegenden Landseen, z. B.
dem Genfer - Sen habe, daß darinne eben
auch wie Ebbe und Fluth abwechselnde Ströhme
und Gegenströhme durch das von der Sonnen-
hitze bewirkte, des Nachts also wieder aufhörende
Schmelzen des Eises und Schnees verursacht
werden. Die Weltmeere seyn Seen in Beziehung auf den ganzen Erdkörper, und die Pole
dessen große Alpen. Dann beweiset er mit
einer Menge unverwerflicher Zeugnisse, daß den
jährlichen und täglichen Wirkungen der Sonne
entsprechende Wasserfluthen **von den beyden**
Polen her entstehen; und daß sie in der Nähe
der Pole reissender seyn, als bey weiterer Entfernung von denselben. Aus dem Verhältniß der
Meere zum festen Lande erklärt er die Verschiedenheiten der Ströhme und Gegenströhme, also
auch der Ebbe und Fluth in den verschiedenen
Weltgegenden. Und ob er gleich auch, nicht
alles erklären kann, sondern bey einigen Punkten noch nicht entdeckte Ursachen voraussetzen
muß; so scheint sich doch nach den von ihm angenommenen Gründen weit mehr aufzuklären,
als aus der Attraction des Mondes; besonders
auch was die Abweichungen der Mittelländischen
Meere anbelangt. Er schließt den Einfluß des
Mondes nicht ganz aus; aber eine den bisherigen Lehren widersprechende Wirkung schreibt er
ihm zu; er soll durch reflectirtes Sonnenlicht
zur Schmelzung des Eises beytragen.

Natur-

Natürlich führten ihn diese Behauptungen
auf die Untersuchung der Figur der Erde; und
er behauptet, daß dieselbe verlängert unter den
Polen sey; nicht nur mit denjenigen Gründen,
die ihm den Ursprung der Ebbe und Fluth aus
den von den Polen herkommenden Ströhmen
beweisen; sondern auch mit noch mehrern andern
astronomischen und geographischen Gründen.
Die von Tycho und Keppler gemachten
Beobachtungen, daß bey Mondesfinsternissen
der Schatten der Erde sich an den Polen verlängert zeigte, Berents Beobachtung, daß ihm
unter den 76ten Gr. N. Br. die Sonne 15 Tage
früher sichtbar wurde, als er es erwartete, und,
weit früher als es sich aus dem Gesetze der Re-
fraction erklären läßt; führt er als astronomische
Gründe seiner Behauptung an. Und eben für
diese scheinen ihm die Messungen, nach welchen
die Grade der Meridiane gegen die Pole zu
größer sind als unter dem Aequator, ein Beweis
zu seyn; nicht fürs Gegentheil, wie man bisher
annahm. Die Erfahrungen von der Pendul
hält er, wegen der Leichtigkeit dabey entstehen-
der Irrungen, für einen unbedeutenden Einwurf,
im Gegensatz auf so viele und so starke Gründe,
als er für sich zu haben glaubt. Zu diesen rechnet er auch noch das Fallen des Barometers bey
der Annäherung gegen die Pole. Insbesondere
aber scheint ihm auch die Erhöhung unter den
Polen zweckmäßiger; theils um diesen den

H 3　　　Genuß

Genuß der Sonne um etwas länger zu erhalten,
theils um den Zufluß zum Aequator zu befördern, wo wegen der Hitze und Ausdünstung Zu-
flüsse von den Polen so nöthig seyn.   Und ob
er gleich die Lehren von der Attraction nicht ganz
verwirft: so scheinen sie ihm doch noch nicht
überall so ausgemacht, daß es nicht erlaubt wäre
bey erheblichen Gegengründen davon abzuwei-
chen.   Wie er sich beym Angriff auf solche
Hauptpunkte des bisherigen Systems benehme,
will ich durch Aushebung einer Stelle bemerklich
machen. Er führte an (Tom. IV. Avis LXXVII.)
wie bey der Anwendung des Newtonischen At-
tractionsgesetzes der Mond besondere Schwierigkeiten verursacht habe,   den berühmte Astro-
nomen deswegen *sydus pertinax* nannten; wie
aber, nach neueren Versicherungen, auch er mit
seinen Erscheinungen unter das allgemeine Gesetz
sey gebracht worden.   Und fährt nun so fort:
„Ainsi voilà donc les astres les plus rebelles
soumis aux loix de l'attraction. Je n'ai qu'une
petite objection à faire contre cet empire, et
les savantes methodes, qui ont maitrisé le
cours de la lune. Comment se peut-il, que
les attractions reciproques des planetes aient
pû être calculées avec tant de justesse par nos
astronomes, et qu'ils en aient pesé si exacte-
ment les masses; lorsque la planete decouverte
depuis quelques années par *Herschel* n'est pas
encore dans leurs balances? Cette planete n'at-
tire

tire donc rien, et n'eſt donc point attirée?
Ueberhaupt ſieht der Verf. tief genug hinein in
die letzten Gründe unſrer wiſſenſchaftlichen Syſteme, um zu wiſſen, wie man es anzufangen
habe, wenn man ſie beſtreiten will. Und er
geht weit hierinne; denn er äußert ſogar Zweifel
gegen den Hauptſaß des Copernikanſchen Syſtems. Tom. II. S. 7 — 13.

Ich darf mir es nicht erlauben, über alles
dieſes entſcheidend zu urtheilen; weil hiezu nicht
nur genaue Bekanntſchaft mit mancherley Theorien, ſondern auch Prüfung ſehr vieler Zeugniſſe
und Nachrichten erfordert würde, wie ich beyde
nicht in meiner Gewalt habe. Aber ſo viel
glaube ich einzuſehen, daß der Verf. Auf-
merſamkeit der Phyſiker und Mathematiker ver-
diene; wenigſtens in denjenigen Punkten, wo
er, wie bey der Erklärung der Ebbe und Fluth,
ſo viele erhebliche Gründe für ſich hat, und auf
der andern Seite immer anerkannt worden iſt,
daß die bisher angenommene Theorie vieles nicht
erkläre. Der Verf. ſelbſt beklagt ſich an mehrern Orten über das Stillſchweigen der
Akademien bey dieſen ſeinen neuen Lehren.
Wie er ſeine neue Theorie zu teleologiſchen Folgerungen und zu Vorſchlägen für die Schiffart
anwende; überlaſſe ich bey ihm ſelbſt nachzuſehen.
Man begreift leicht, wie ihm die von den Polen
dem Aequator zufließenden Ströme des ge-
ſchmolzenen Eiſes zur Milderung der Hitze in

den

den heissen Erdstrichen dienlich scheinen. Auf
eben diesen Zweck bezieht er auch den **Lauf** und
die **Höhe der Gebirge**; welche letztere immer
um so viel größer sey, je weiter sie von dem Meere
entfernt sind. Die Verlängerung der Erdaxe
und die Schwere der Eismasse um die Pole gebraucht er auch die Bewegung der Erde in der
Ekliptik zu erklären.

Neu ist auch), und so viel ich einsehe, sehr
annehmlich, seine Theorie vom Ursprung der
Vulcane (Th. I. 259. ff.) Er nimmt an, daß
sie den entzündbaren Stoff größtentheils aus dem
Meere erhalten; welches so wohl mittelst dessen,
was ihm die Ströhme zu führen, als was seine
eigenen Bewohner hergeben, mit harzigen, öh-
lichten, salpetrischen, kurz brennbaren Theilen
angefüllt seyn müsse; welches auch mehrere andere ausgemachte Beobachtungen beweisen. Er
schließt den metallischen Stoff, besonders denjenigen, der aus dem fast überall vorhandenen Ei-
sen kommen kann, nicht ganz aus. Nur glaubt
er, daß dieser weit weniger dazu beytrage, als
das Meer. Einiges, was diese Hypothese für
sich hat, ist leicht einzusehn; nemlich zufördersl
die Nachbarschaft des Meeres oder, wo dieses
nicht ist, großer Landseen, an allen feuerspeyenden Bergen; und dann, daß man dabey leichter
begreift, woher sie durch so viele Jahrhunderte
hindurch immer neuen Stoff erhalten. Auch
zieht der Verf. die, von den meisten bisher an-
genom-

genommenen, so vielen ausgebrannten Vulcane in der Entfernung von dem itzigen Meere
vortheilhaft in sein System. Er nimmt nemlich an, daß dieselben zur Zeit jener großen Ueberschwemmung des Erdbodens entstanden seyn;
und da um so mehr haben entstehen müssen, mit
einer je größern Menge zerstörter Producte des
Thier- und Pflanzenreiches die Fluthen angefüllt
waren. Und auch zur Erklärung des Ursprungs
jener großen Ueberschwemmungen, gebraucht er
wiederum die Eisgebirge; die dadurch geschmol-
zen seyn, daß die Sonne, statt der Ekliptik,
durch einen Meridian gegangen sey (I. 205 f.).
Doch nimmt er auch nach andere Ursachen daneben an.

Die feuerspeyenden Berge betrachtet er also
als wichtige Anstalten der Natur zur Reinigung
der Meere. Und vielleicht ließe sich noch zur
Unterstützung dieser Idee des Verf. hinzu setzen;
daß, so wie im thierischen Körper die zu eigenen
Absonderungen und Ausführungen bestimmten
Theile, entweder durch ihre Structur, oder eine
schon in ihnen enthaltene anziehende analoge
Materie, kurz durch eine besondere Kraft oder
Einrichtung, gerade nur gewisse Theile aus dem
Blute oder andern gemischten Massen an sich
ziehen, auch die feuerspeyenden Berge in ihrem
Innern eine solche Einrichtung haben, oder in
solchen Verhältnissen stehen, daß die brennbaren
Bestandtheile der umlaufenden Flüssigkeiten so

H 5 fern

fern sie nicht zu andern Absichten, zur Erzeu=
gung der Metalle u. s. w. gebraucht werden,
nach ihnen sich vorzüglich hinziehen. *)

Unter den vielen teleologischen Bemerkungen,
die der Verf. über die Einrichtungen im Pflan=
zenreiche vorträgt, war mir neu diese; daß die
Bäume, die statt der Blätter Nadeln haben,
vermöge der Richtung dieser Nadeln und ihrer
glatten Oberfläche, die Wirkungen der erwär=
menden Sonnenstrahlen, zu befördern ungleich
geschickter seyn, als die Bäume mit breiten,
und auch durch ihre Richtung mehr beschattenden
Blättern; passender also auch für die kälteren
Gegenden, die sie hauptsächlich einnehmen, und
in welchen die letztern nicht fortkommen können.
Der Verf. vergleicht die Nadeln der ersten mit
den Haren der Thiere; und bestreitet hiebey mit
mehrern Gründen die Allgemeinheit des Satzes,
daß es in den Wäldern kälter sey, als außer
ihnen, und daß die Ausrottung derselben die
Kälte des Klima vermindere S. 299.

Von den Bemerkungen über die zweckmäßi=
gen Einrichtungen im Thierreich sind, wenn
auch nicht neu, doch gewiß nicht unerheblich
diese. Daß von den Thieren, die zur Nahrung
anderer bestimmt sind, bey weitem die meisten
solche

---

*) Was der Verf. vom Nutzen der Inseln sagt, über=
gehe ich, wie mehreres, weil es in den Haupt=
puncten schon längst anerkannt ist; obgleich die
Ausführung, die der Verf. davon giebt, noch im=
mer für viele manches Neue enthalten kann.

solche sind, die kaltes Blut oder gar kein Blut
haben; und also, wie sichs von diesen aus mehrern Gründen annehmen läßt, den warmblütigen
an Empfindlichkeit nachstehen, und den Pflanzen
mehr sich nähern. Daß keine Art von Thieren,
auch diejenigen nicht, die, wie die Affen, das
Feuer lieben, und sich gern daran wärmen, Antrieb und Fähigkeit besitzen, auch nur angezün-
detes Feuer zu unterhalten und zu vermehren;
also dieß gefährliche Element, welches der
Mensch auf so manchfaltige Weise in Wirksamkeit zu setzen, und anzuwenden weiß, der Gewalt
der vernunftlosen Thiere ganz entzogen ist. (I. 61.)

Die Eintheilung der Arten gründe sich auf
Verschiedenheit der Proportion unter den Theilen des thierischen Körpers. Darum seyn die
mehrern Arten der Hunde unleugbar, die Menschen aber bey allen Verschiedenheiten der Farbe,
Größe rc. nur von einer Art.

Unbegreiflich ist es dem Verf. wie Philosophen Theile an gewissen Thieren für überflüßig
erklären konnten, deren Nutzen der gemeine
Mann bald einsehen lernt. Z. B. die hinterern
emporstehenden Klauen (ergots) an den Füßen
der Schweine; die ihnen bey ihrm Herumwüh-
len in sumpfigen Gegenden so offenbar zu Statten kommen, und ihr Einsinken verhindern, daß
auch in gewissen Gegenden, wie der Verf. versichert, Bauern zu dem Ende Stelzen (echasses)
machen, die sie, wegen der Aehnlichkeit, Schwein-
füße

süße nennen (I. 332 f.). Eben dieses Glied
oder ein ähnliches finde sich daher bey mehrern
Thieren, die, wie das Schwein, sumpfige
Orte öfters besuchen.

Wie der Verf. die schwarze Farbe der Negern für ein Mittel die Hitze zu mildern, halten
könne (S. 311 f.) ist nicht leicht zu begreifen.
Die schwarze Farbe zieht zwar die Sonnenstrahlen ein, die weiße wirft sie zurück. Aber daß
dadurch die letztere im gefärbten Subjecte
die Wärme verdoppele, und die erste sie schwäche, folgt nicht; und streitet gegen die gemeine
Erfahrung. Er hält übrigens die Farbe, so
wie die übrigen Verschiedenheiten der Negern,
für Wirkungen des Klima. Im Ganzen ge-
sieht der Verf. den Einflüssen des Klima nicht
viel zu, weder im physischen noch moralischen.
Die Anzahl der Geburten von beyden Geschlechtern
scheint ihm nicht größer zu seyn in den verschied-
nem Klimaten, als so daß die Abweichungen
einander compensiren, und also ein Mittel mehr
die Menschen unter einander zu verbinden, seyn
können. Nous trouverons plus de diversité en
moeurs, en opinions, en vêtemens, en phy-
siagnomie même, entre un acteur de l'opera et
un capucin, qu'il n'y en a entre un Suedois
et un Chinois (I. 366). Eben so wenig läßt
er Abstammung viel gelten; moralische Ursachen, Erziehung, Meynungen scheinen ihm
alles

alles ober doch bey weiten das meiſte zu bewirken.

Zur Entkräftung der Beſchwerden über die
dem Menſchen Schaden verurſachenden Thierar-
ten viel gutes; aber größtentheils ſchon oft geſag-
tes. Vielleicht iſt der Gedanke noch neu, daß
die Kornwürmer und andere den Kornböden gefährliche Thiere den politiſchen Nußen ſtiften,
daß ſie zum Verkauf beſtimmen helfen, wegen
der Gefahr und Mühe die ſie bey der Aufbewah-
rung des Getraides verurſachen (I. 377).

Die Ungleichheit der Stände und deren
Theilnehmung an den Rechten und Beſitzungen
des Staats iſt dem Verf. das größte der Grund-
übel in den Staatsverfaſſungen. Oft erklärt er
ſich gegen die großen Landgüter und ausbrücklich
auch wider den erblichen Adel. Durch die große
Anzahl deſſelben, nicht durch den Geiſt des
Mönchsweſens, ſeyn Spanien und Portugall
verfallen. Auch die Engliſche Conſtitution gefällt ihm nicht. Das Syſtem, welches ißt das
herrſchende in Frankreich iſt, leuchtet alſo ſchon
ſehr bey ihm hervor S. 389 f. Aber der Hauptſaß der Verf. iſt auch in Hinſicht auf die politiſchen Uebel, daß ihre Wirkungen auf den Urheber zurücklaufen. Dieſelben Meynungen z. B.
mit welchen die obern Stände das Volk gefeſſelt
und unterbrückt haben, nöthigen jene zu Auf-
opferungen und Beſchwerden, ohne die ſie ihr
Anſehn nicht behaupten können. L'edit du
prince

prince defend à un gentilhomme d'aller fur
le pré (zum Duell) et l'opinion de son valet l'y
contraint. Les nobles fe font arrogé tout
l'honneur national; mais le peuple leur en de-
termine l'objet, et leur en diftribue la mefure
I. 434. Und eine Haupt=Geiffel der Reichen
fieht der Verf. in dem fürchterlichen Haufen be=
rer, die wegen des Luxus der erftern nicht heu=
rathen können; corps redoutable, qui difpofe de
routes les reputations, et qui trouble la paix
de tous les mariages — Il ne depend pas d'un
homme riche, d'avoir une jolie femme, et
d'en jouir en paix; ils l'obligent fous peine du
ridicule, c'eft à dire fous la plus grande des
peines pour un Francois, d'en faire le centre
de routes les focietés etc. I. 447 f. Eine an=
dere Zuchtruthe für die Reichen, die fie felbft er=
zeugt haben, find die feilen Dirnen und Mâtref-
fen (filles entretenues). Können diefe den Vâ=
tern auch nicht beykommen; fo find fie doch
ficher, in ihren Söhnen fie zu züchtigen, oder
wie der Verf. es nur ausdrückt, de fe dédom-
mager fur les enfans. 454. Kurz das Elend
des großen Haufen, Folge der Unterdrückung
und Aussaugung durch die Mächtigen, ift die
Hauptquelle aller phyfifchen und moralifchen Uebel. Doch werden andere Grundfehler, wie die
fehlerhafte Erziehung, auch nicht vergeffen.
Eine Stelle, in welcher auch die vornehmften
Ideen des Verf. von diefem Gegenftande zu-
fammen

sammen gedrängt sind, zur Probe. „Insti-
tuers insensés, la nature humaine est corrom-
pue, dites vous; mais c'est vous, qui la cor-
rompés, par des contradictions, des vaines
etudes, des dangereuses ambitions, des honteux
chatimens.„

Daß der Mensch sich selbst so überlassen
ist; hält er für **Strafe einer ursprünglichen Vergehung,** und nimmt also auch
hierinne die Auctorität unserer heiligen Bücher
an. Die Gottheit aber hält er für gerechtferti-
get dadurch, daß sie doch immer gütig über den
Menschen wache, und seine Fehler und Verge-
hungen selbst dazu gebrauche, ihn weiser und
besser zu machen.

Daß der Verf. viele Gelegenheiten zu Zweifeln und Einwürfen gebe, wird aus dem Bisherigen schon hinreichend erhellen. Er würde es;
wenn er auch gemäßigter in seinen Urtheilen und
Ausdrücken wäre, als er gewöhnlich nicht ist.
Ein System, welches die Gesetze und Zwecke
der ganzen Natur umfaßt, und dabey so sehr
in das Besondere eingeht, müßte nicht menschliche Arbeit seyn; wenn es nicht Zweifel übrig
lassen, wenn es von allen Irrthümern frey seyn
sollte.

Bisweilen urtheilt der Verf. als ob er Dinge
nicht wüßte, oder ganz vergessen hätte, die er
doch gewiß weiß, und wohl sonst in diesem Werke
selbst gesagt hat. Ich will auch von solchen
Stellen

Stellen einige zur Probe ausheben; und völlig mit den Worten des Verf. um vor aller Verfälschung seines Sinnes desto sicherer zu seyn. „La mer ne me paroit pas plus propre, que la force centrifuge, à former des montagnes. Comment peut on concevoir, qu'elle ait jamais pú les elever hors de son sein. I. 157. On ne peut pas dire même, que les canaux des fleuves aient été creusés par le cours de leurs propres eaux; car il y a plusieurs, qui passent par des routes souterraines, à travers des masses de roc vif, d'une dureté et d'une epaisseur impenetrables aux pioches et aux pics de nos ouvriers. (Weil nicht alle; also gar keine? Und mußten denn die Felsenwände der unterirdischen Fluthenbetten immer so hart gewesen seyn u. s. w.?) On ne trouve nulle pars des mines de souffre, que dans le voisinage des volcans. I. 260. Mangelhaftigkeit der mineralogischen Kenntnisse des Verf. verräth sich an mehrern Stellen; er gesteht sie aber auch selbst ein. Um zu beweisen, daß auch Stürme und Ungewitter den Menschen nur darum Schaden verursachen, weil er von den Gesetzen der Natur abweicht, bey den Einrichtungen seines Feldbaues; sagt er I. 379. Les orages — ne font aucun tort aux forets et aux prairies naturelles. — Je suis persuadé, que les affections morales s'etendent si loin parmi les hommes, que je ne crois pas, qu'il y ait une seule maladie, qui ne leur

doive

doive ſon origine. II. 29. Noch eines; und es
wird auch hievon genug ſeyn. Parmi les Turcs,
comme parmi les Hollandois, il n'y a ni querelles, ni medifances, ni vols, ni proſtitutions
dans les villes. On ne trouveroit peut-être
pas même dans tout leur empire une feule
femme turque faifant le metier de courtifane.
Il n'ya dans les eſprits ni inquietude ni jalouſie.
Chacun d'eux voit fans envie dans fes Chefs un
bonheur où il peut atteindre, et eſt prêt à
perir pour ſa religion et pour ſon gouverne-
ment. Leur force n'eſt pas moindre au de-
hors, que leur union eſt grande au dedans!!
Dieß iſt ein wenig arg. Gern möchte man es
für Jronie halten, wenn es der Zuſammenhang
geſtattete. Wer gerade auf dieſe Stelle zuerſt
ſtieße, könnte vielleicht die Luſt verlieren, mehr
zu leſen.

Der Verf. ſtand im vertrauten Umgang mit
Rouſſeau, und führet mehrere Anecdoten von
ihm an. Manche auffallende Aehnlichkeit hat
er auch mit ihm.

III. Miſcellanies: Philoſophical, Medical and Moral. Vol. I. London 1789. 442. S. 8.

Der Verf. dieſer vermiſchten Auffäße iſt ein
junger Gelehrter, Thomas Chriſtie, der die
Abſicht hatte, ſich der ausübenden Arzneykunde

Philoſ. Bibl. IV. B.　　　J　　　zu

zu widmen, und sich noch immer mit großem
Eifer auf seine ehemahlige Wissenschaft, und die
alte Litteratur legt, ungeachtet er seit einiger
Zeit Theilnehmer in einem großen Handelshause
in London geworden ist. Eine jede der Ab-
handlungen, welche dieser Band enthält, zeugt
von einer nicht gemeinen Belesenheit in alten
Schriftstellern, selbst in Kirchenvätern, und
von einem warmen Eifer für Religion und Sittlichkeit. Alle wurden uns höchst interessant
durch die Bemerkungen, die sie in uns über die
große Verschiedenheit der herrschenden Denkarten, und des Zustandes der Wissenschaften in
Teutschland und England veranlaßten. In dem
ersten Aufsatze hat der Verf. die vornehmsten
Stellen der Kirchenväter der ersten Jahrhunderte über den Werth der Philosophie und Gelehrsamkeit überhaupt gesammelt, um zu beweisen, daß die ältesten Lehrer der Christen den
Wissenschaften nicht abgeneigt waren. Wenn
die ersten Lehrer der Christen alle Gelehrsamkeit
verworfen hätten; so würde man daraus leicht
haben schließen können, daß sie diese Gesinnungen von den Aposteln, und die Apostel von dem
Stifter unserer Religion enthalten hätten: ein
Schluß, wodurch allerdings **Rousseau's** Pa-
radoxon begünstigt worden wäre, daß die Wie-
derherstellung der Künste und Wissenschaften
den Sitten geschadet hätten. Diese erste Untersuchung nimmt 150 Seiten ein, und man wird
fühlen,

fühlen, daß eine solche Untersuchung von einem
jungen Arzt, der die Welt kennt, eine ganz andere Wendung des Geistes voraussetze, als jetzo
in unserm Vaterlande herrscht. Das zweyte
Stück dieser Sammlung liefert eine kurze, aber
trefflich entworfene Lebensbeschreibung des **Pamphilus** von Cäsarea. In der Einleitung bemerkt Hr. C. sehr richtig, daß Biographien
von solchen Männern, dergleichen **Pamphilus**
war, für den größten Theil der Leser nützlicher
werden können, als die Erzählungen der Thaten
und Schicksale von Königen, und großen Hel-
den, welche die politische Geschichte darbietet.
In dem dritten Aufsatze kommen Winke über die
Erziehung und den Unterricht des Volks vor.
Beyde werden, wie man auch aus den Betrachtungen von Hrn. C. sieht, in England mehr,
als in vielen Gegenden von Teutschland ver-
nachläßigt. Eine Hauptursache dieser Vernach-
läßigung ist das frühe, und unaufhörliche Arbeiten in den Fabriken, das der Jugend und
dem gemeinen Mann nicht Zeit genug zu der
Bildung des Geistes, deren sie sonst fähig wären, übrig läßt. Der Verf. bringt besonders
auf einen bessern Unterricht in der Christlichen
Religion, deren Stifter den großen Haufen nicht
verachtete, wie die Weltweisen des Alterthums,
sondern sich desselben erbarmte, und ihn zu sich
rief. Die Freunde der Freyheit, sagt Hr. C.
S. 203. sollten sich nichts so sehr angelegen seyn

J 2   lassen,

laſſen, als das Volk immer mehr zu erleuchten.
Aufklärung widerſteht der Unterdrückung am
kräftigſten, und Unwiſſenheit war hingegen immer die Stütze von Tyranney und Aberglauben.
Es iſt wahr, fährt er fort, durch das frühe
und unaufhörliche Arbeiten des gemeinen Mannes in den Fabriken bringen wir es dahin, daß
wir unſere Schnallen und Knöpfe etwas beſſer
und wohlfeiler liefern, als unſere Nachbaren;
allein was wird aus der größten aller Manu-
facturen, der Bildung von Menſchenſeelen?
Viele gemeine Leute in England gehen nicht in
die Kirche, weil ſie weder leſen, noch ſchreiben,
noch eine Predigt verſtehen können. (S. 214.)
Hr. C. giebt einem Herrn Raikes von Glouce-
ſter die größten Lobſprüche wegen der Errichtung
von Sonntagsſchulen für den gemeinen Mann,
und freut ſich mit Recht, daß dieſe Anſtalt
von ſo vielen gutdenkenden, und vornehmen
Perſonen begünſtigt worden iſt. Er wünſcht,
daß eine Geſellſchaft zur Ausbreitung der Aufklärung unter alle Claſſen errichtet, und daß
von dieſer Geſellſchaft Schriften für den gemeinen Mann verfertigt, und ausgetheilt würden.
Ein allgemeiner Geiſt von Reformation, heißt
es S. 220. durchdringt uns, und ein allgemeiner Eifer, die Macht, und Vorrechte des Volks
zu vermehren. Vielleicht aber faſſen wir die
Sache nicht von der rechten Seite an, und wir
ſollten das Volk erſt weiſer machen, ehe wir es

mächti-

mächtiger machten.   In der vierten Abhandlung bemüht ſich Hr. C. darzuthun, daß alle
richtige Kenntniſſe von Gott, der Welt u. ſ. w.
dem Menſchen durch göttliche Offenbarung mitgetheilt, durch Ueberlieferung erhalten, und zuletzt auch zu den aufgeklärten Völkern des Alterthums fortgepflanzt worden.   Auffallend ſind
beym erſten Blick die aus dem Plato, Ariſtoteles und Cicero geſammelten Stellen,
S. 240. und f., worin es heißt, daß die Lehre
von Gott und göttlichen Dingen von den Göt-
tern herrühren, oder daß ſie alte Meynungen,
oder heilige Aberlieferungen ſeyen.   Wenn man
aber eine jede dieſer Stellen im Zuſammenhange,
und in dem Sinn ihrer Verfaſſer unterſucht, ſo
verſchwindet ihre beweiſende Kraft für die Meynung unſers Verf.   In der ganzen Geſchichte,
glaubt Hr. C. ſey kein Beyſpiel, daß irgend ein
Mann oder Volk das Daſeyn, und die Vollkommenheiten des Schöpfers in ſeinen Werken
gefunden habe.   Sonne, Mond, und Sterne
verkündigten den Ruhm Gottes nur denen, die
den wahren Gott kennten: andern hingegen verkündigten ſie nichts, als ihren eigenen Glanz,
weßwegen ſie auch ſtatt des Schöpfers angebetet
worden.   Der fünfte Aufſatz iſt ein kurzer Auszug aus der erſten Hälfte von Meiners hiſtoria
Doctrinae de vero deo.   Hr. C. iſt überzeugt,
daß der Teutſche Gelehrte im Grunde mit ihm
gleich denkend ſey, weil er behaupte, daß unter
allen übrigen Völkern der alten Welt außer den

Juden

Juden nur allein die Griechen eine Kenntniß
des wahren Gottes erlangt hätten. **Anaxago-**
ras habe den Gedanken des wahren Gottes
vom **Hermotimus** empfangen, und dieser
könne ihn leicht auf die eine oder andere Art aus
Palästina geschöpft haben. Der Verf. wiederhohlt aus der angezeigten Schrift die Schwierigkeiten des ersten Gedankens von Gott, und
läugnet, daß Menschen aus eigenen Kräften
diese Schwierigkeiten hätten überwinden können.
Da M. zugebe, daß die Griechen die einzige
Nation gewesen, welche zur Kenntniß des wahren Gottes durch sich selbst gekommen sey; so
könne man es als viel wahrscheinlicher annehmen, daß die Griechen nicht eine Ausnahme
von der allgemeinen Regel der Unfähigkeit aller
übrigen Völker zur Erkenntniß des einzigen
Gottes gewesen seyen. In jedem Fall sey M.
einer der stärksten Begünstiger der Meynung:
daß alle gute und wahre Kenntniß von Gott,
oder durch Offenbarung gekommen sey. Den
Beschluß dieses Bandes macht eine Nachricht
von einem Werke des Dr. **Ellis,** The Know-
ledge of Divine Things from Revelation, not
from reason, or Nature. Lond. 1771. betitelt,
wovon 1771. zu London die zweyte Auflage des
ersten Bandes erschienen ist. Aus den Bruch-
stücken, die Hr. E. angeführt hat, sieht man
freylich, daß Dr. **Ellis** ein sehr gelehrter Mann
war. Rec. glaubt aber nicht, daß die Nicht-
Erscheinung der Folge des Werks ein großer
Verlust

Verluſt für die Gelehrſamkeit ſey; denn Dr. Ellis beſaß weder die Unbefangenheit, noch die ſorgfältige Kritik, die zur richtigen Forſchung alter Syſteme und Meynungen erfordert werden.

M.

IV. Linguarum totius orbis vocabularia comparativa. Auguſtiſſimae cura collecta. Sectionis primae linguas Europae et Aſiae complexae pars prior Petropoli. 1786. 4. 411 S.

Eine ausführliche Beurtheilung dieſes Werks würde freylich nicht in unſere Bibliothek gehören. Wir können aber doch nicht umhin, unſern Leſern eine kurze Nachricht von dem Werthe, und den Abſichten deſſelben mitzutheilen. Kein Reich enthielt wie Hr. Pallas in der Vorrede bemerkt, eine ſolche Mannichfaltigkeit von Völkern, und Sprachen, als das Ruſſiſche; denn im Ruſſiſchen Reiche werden über ſechszig verſchiedene Sprachen geſprochen. Dieſe Betrachtung führte die erlauchte Beförderinn aller ſchönen und nützlichen Kenntniſſe, die große Catharina, auf den Gedanken, eine Vergleichung aller Sprachen zu unternehmen, wozu Ihr unermeßliches Reich die wichtigſten Beyträge liefern konnte. Sie gab daher den Befehl an alle Vorſteher von Provinzen, daß dieſe Wörter-

J 4 ver-

verzeichnisse der darin herrschenden Sprachen
einschicken sollten.   Nach dem dergleichen Vo-
cabularien eingelaufen waren, so fing die Mo-
narchinn selbst im J. 1784. die Arbeit eines allgemeinen vergleichenden Wörterbuchs an, die
manchen Gelehrten zurück geschreckt hätte.   Die
erhabene Frau rückte weit in dieser Arbeit fort,
wurde aber in der Folge durch wichtigere Geschäffte daran verhindert, und übergab daher
Ihre Papiere und Ihren Plan Hrn. Pallas,
der mit Hülfe des Hrn. Bacmeister das von
der Kaiserinn entworfene und angefangene Werk
ausgeführt hat.   Dieser erste Band enthält hun-
dert und dreyßig Wörter, die in zweyhundert
Europäische und Asiatische Sprachen übersetzt
sind.   Der zweyte Band wird sich gleichfalls
noch mit den Europäischen und Asiatischen Sprachen beschäfftigen, und die Wörter und einzelnen Sprachen, die in dem ersten noch fehlen,
als Supplemente in sich begreifen.   Im dritten
Bande werden die Afrikanischen und Americani-
schen Sprachen vorkommen.   Kein Europäi-
sches Alphabet, sagt Hr. Pallas, ist so geschickt, die Wörter von ganz rohen Sprachen
auszudrücken, als das Russische, weßwegen die
Kaiserinn dieses vor allen andern gewählt hat,
wodurch freylich der Gebrauch dieses Werks für
Ausländer etwas erschwert wird.   Unter den
Sprachen, deren Wörter in diesem ersten Bande
mitgetheilt werden, waren manche selbst dem

Gelehr-

Gelehrten kaum dem Nahmen nach bekannt. Eine der größten Zierden dieses allgemeinen Wörterbuchs sind die zwölf kaukasischen Sprachen, die alle aus handschriftlichen Verzeichnissen genommen worden sind. So auffallend beym ersten Blick die Aehnlichkeit ist, welche diese Sprachen hin und wieder mit der Sprache der Samojeden, und der Grenzvölker zwischen Sibirien und der Mongoley haben; so läßt sie sich doch aus den uralten Einwanderungen hunnischer Völker in die kaukasischen Gebirge sehr gut erklären. Auch die unläugbare Verwandtschaft der Sprachen beweißt es, daß alle Völker, die das nordöstliche Asien bewohnen, eines gemeinschaftlichen Ursprungs sind. Wegen einer solchen unverkennbaren Verwandtschaft zwischen der Sprache der Zigeuner mit den Indischen Dialecten hat Hr. P. die erstere vor den letztern hergehen lassen. Die Wörter des Multanischen Dialects hat man von den Hindus in Astrachan erhalten; die des Bengalischen und Decanischen sind von Hrn. Holwell aus England eingesandt worden. Wir wünschen mit dem ganzen gelehrten Publico, daß dies kostbare und nützliche Werk, glücklich zu Stande gebracht werden möge.

M.

———————————

J 5   III.

III. Teutſche Schriften.

I. Verſuch einer Moralphiloſophie,
Von M. C. C. E. Schmid. 1790.
520 S. 8.   Jena im Verlage der
Cröckerſchen Handlung.

In den G. A. habe ich ſo wohl die auszeichnenden Vollkommenheiten dieſes Buches,
als auch diejenigen Punkte, wo es mir ſchien,
daß fernere Unterſuchungen des Verf. noch Verbeſſerungen nöthig finden würden, meiſt nur in
allgemeiner Hinweiſung, wie es dort nicht wohl
anders ſeyn konnte, bemerklich zu machen ge-
ſucht.   Das Vergnügen, mit dem Verf. tiefer
und genauer in die Hauptpunkte, wo ich verſchieden von ihm denke, einzugehn, habe ich mir
hieher verſpahrt.   Die Mühe die er ſelbſt ſchon,
und mit ſehr gutem Erfolge, angewandt hat,
die bisherigen Streitigkeiten über die Gründe
der Sittlichkeit aufzuklären, die vielerley, bald
einander nahe kommenden, bald wieder, oft in
den weſentlichſten Punkten, von einander abweichenden Syſteme mit Genauigkeit vorzuzeichnen,
die Gründe eines jeden in gehöriges Licht zu
ſetzen; die Billigkeit und Mäßigung, die er hiebey

bey und überhaupt mehrentheils in ſeinen Urtheilen über anders philoſophirende bewieſen hat, machen es angenehm, in Gemeinſchaft mit ihm der Wahrheit nachzuforſchen.

Es iſt aus der philoſophiſchen Geſchichte bekannt, wie die Syſteme der Sittenlehrer von jeher darinne **hauptſächlich** von einander abwichen, daß ſie das **abſolut gute**, ſinem bonorum, τελος, verſchieden annahmen; die einen nemlich in den Functionen des **Verſtandes**, in der Erkenntniß; die andern in der Kraft und Vollkommenheit des **Willens** oder der Tugend; wiederum andere, mit dem **Ariſtoteles**, im **Handeln** nach der vollkommenſten Erkenntniß; **Epikur** im ruhigen **Genuß** des, nach ihm, hauptſächlich auf **innern** Gründen beruhenden Wohlſeyns; die Schule des **Ariſtipps** im Genuß alles, **vornemlich** aber des durch die äußern Sinne zu erlangenden Vergnügens. Daß dieſe Meynungen nicht alle ſo ſehr von einander entfernt, nicht ſo unvereinbarlich ſeyn, als es den Streitenden, im erſten Feuer des Streites, ſchien; haben ſchon die Alten, zur Zeit des Cicero und ſeiner Lehrer, einzuſehen angefangen.

Worinne es jede dieſer Parteyen, außer dem daß ſie zu **einſeitig** verfuhren, neben her in angrenzenden Punkten verſah; wie ſie ſich einander hätten verſtändlicher machen, und ſo etwa in dem Hauptſatz einig werden können; darauf
kömmt

kömmt es mir nun nicht an. Ich will ißt nur
meinen, das Wahre dieser verschiedenen Systeme, wie mir es scheint, auffassenden Hauptsaß
vorlegen; und dann sehen, ob gegen die Einwendungen des Verf. er selbst, und die Folgerungen, die ich daraus ableite, sich behaupten
lassen.

Mein Hauptsaß ist also der: **alles Wohlseyn ist an und für sich gut;** hat nicht nöthig, auf etwas anderes bezogen zu werden, um
Gegenstand des Wohlgefallens und Wollens
seyn, um gut heißen zu können.

Mein Beweis für ihn — ist das **Verhältniß der Begriffe;** oder das innerste Bewußtseyn, das, wie ich glaube, ein jeder hat, daß
Wohlseyn an sich betrachtet, weder
böse noch **gleichgültig** scheinen kann, sondern
immer als Gegenstand des **Wollens** und
Wohlgefallens sich zu erkennen giebt.

Ein Gesichtspunkt, unter welchem dieß Bewußtseyn, wenn es etwa verdunkelt worden wäre,
am leichtesten, wie mich dünkt, aufgehehellt,
und dieser Hauptsaß zur Anerkennung gebracht
werden kann, ist — außer der, freylich viel erfor-
dernden, Analyse aller Hauptarten der angenehmen und unangenehmen Empfindungen und aller
Willenstriebe, in der Thelematologie — bey der
**Kosmologischen Frage: was zur voll-
kommensten Welt** erforderlich sey; für welche
Absicht sie eingerichtet seyn müsse? Der Verf.
erklärt

erklärt sich zwar sehr stark gegen den **Leibnitzi-
schen Optimismus** (S. 163). Aber er hat
sich den Begriff vom Optimismus durch Folgerungen verschlimmert, die der Vertheidiger desselben **nicht so zu gesteht, wie der Verf. sie
sich denkt.** Der Leibnitzige Optimismus,
sagt er, legt der Moralität nicht an sich, und
um ihrer selbst willen, sondern nur in Bezug
auf Glückseligkeit einen **äußern** Werth bey,
und läßt mich alles von der Natur **nichts von
meiner Freyheit erwarten.** Wenn wir an
Gott glauben: so können wir doch nicht zweifeln,
daß diese Welt überall die vollkommenste Einrichtung und Absicht habe. Und nun diese **Absicht** — können wir sie wohl **bloß allein** im
Daseyn der **Vernünftigen** Wesen und der
Sittlichkeit setzen? Annehmen, daß die vernunftlosen lebendigen Wesen **nur um der vernünftigen Willen** vorhanden seyn? Können
wir selbst umhin, uns über ihr Daseyn und
Wohlseyn, **uneigennützig,** ohne alle Beziehung auf uns, **zu freuen?**

Der Verf. sagt ausdrücklich, (S. 503) daß
außer der Collision mit dem Wohl der Vernünftigen, dem es untergeordnet ist, **das Wohl**
der vernunftlosen Geschöpfe Zweck der Vernunft und der Gottheit sey, daß diese dem Uebel
nie unmittelbar den Vorzug vor dem Wohl geben könne.

Aber

Aber hier eben, meyne ich, hätte er ſich orientiren; und eine, manche Veränderung nach ſich ziehende, Reviſion vornehmen können.

Und noch eine, der vorigen nahe liegende ſpeciellere Frage kann hiebey nützlich ſeyn: ſollten wohl alle dem Menſchen natürlich zukommenden angenehmen Empfindungen auf Vernunft und Sittlichkeit, deren Erhaltung und Erhöhung abzielen? Oder ohne dieſe Beziehung gar keinen Werth in ſich ſelbſt haben, und ohne Zweck ſeyn?

Nun aber iſt, zum rechten Verſtändniß unſeres Hauptſatzes, weiter zu bemerken; daß obgleich Wohlſeyn an ſich allemahl gut, abſolut gut iſt, dennoch nicht alles Wohlſeyn gleichen Werth habe. Weder gleichen innern, abſoluten, Werth; denn es giebt intenſive Grade des Vergnügens, und zwar nach mehr als einer Qualität deſſelben. Nach gleichen äußern, relativen, Werth, in Betracht der ſeiner Natur und ſeinen Gründen gemäßen anderweitigen Folgen.

Hieraus erhellet alſo, daß wer Wohl, Wohlſeyn, für etwas abſolut gutes, (per ſe bonum, extremum aliquod bonorum) erklärt, a) nicht gleich jedes Wohlſeyn für das höchſte Gut eines jeden lebendigen Weſens erklären müſſe; für abſolutiſſimum oder ſummum in einem andern Sinn, als wenn es einerley mit extremum in der Reihe bedeutet. b) Noch der Tugend allen innern, abſoluten Werth

abſpre-

abspreche, sie nur, wie man dem **Epikur**
vorwarf, zur **Dienerin** der Lüste, und zwar
nach ihren letzten Gründen und Beziehungen immer körperlicher Lüste, mache; hingegen c) **Güte**
als die **Grundeigenschaft** eines gutartigen,
unserer Achtung und Liebe würdigen Willens betrachten müsse; um so mehr, da nach allen Er-
kenntnißgründen, die unser Verstand dazu hat,
das Gegentheil von Güte, Lieblosigkeit, Grausamkeit, Mißgunst, Neid, Schadenfreude,
Gleichgültigkeit beym Wohl und Weh anderer,
nur bey der **Voraussetzung eigener**
Schwäche des Subjects, so diese Eigenschaften an sich hat, begreiflich wird. **Vollkom-**
mene Güte aber läßt sich nicht ohne **Weisheit**
denken, **unweise Güte** kann allseitig gewürdigt Lieblosigkeit, Grausamkeit heissen müssen.
Jene schließt **Gerechtigkeit** und **Heiligkeit** in
sich. Dieß sind Wahrheiten, die sich vermöge
der Begriffe, in der **Metaphysik**, oder in
der allgemeinen **Thelematologie** finden lassen; setzen die eigentlichen **Grundsätze der**
Sittlichkeit noch nicht voraus: sondern helfen sie vielmehr finden und bestimmen; geben
insbesondere viel Licht, und wohlthätige Anleitung bey den Untersuchungen über die Gründe
der **Zwangsrechte**, und über die Zwecke und
Gesetze der **strafenden Gerechtigkeit**.

Aber alle Begriffe vom **Wohl** beziehen
sich ja auf **Empfindung**, also auf **Sinn-**
lichkeit;

lichkeit; können alſo nicht als Begriffe der reinen Vernunft gebraucht, und nicht auf Weſen ohne Sinnlichkeit, nicht auf Gott angewendet werden?

Dieß iſt eine Bedenklichkeit, die gehoben werden muß; wenn das bisher angenommene ſoll beſtehen können. Die Schwierigkeit ſcheint mir aber nicht groß zu ſeyn. Unſere Vorſtellungen vom Wohl, in ihrer **vollen Beſtimmtheit**, beziehen ſich freylich auf Empfindungen und Sinnlichkeit; wie ſo alle unſere Vorſtellungen und Begriffe. Um die, faſt immer nur auf Mißverſtändniſſe hinaus laufende, Streitfrage vom Urſprung unſerer Begriffe, wie es hier ohne Nachtheil geſchehen kann, bey Seite zuſetzen; lehret ja auch die Kantiſche Philoſophie, daß **alle** unſere Begriffe, ohne Verbindung mit Anſchauungen, des innern oder **äußern Sinns**, nur bloße **Formen, Functionen** des Verſtandes, leere Titel ohne beſtimmten Inhalt ſeyn. Sie folgert freylich hieraus, daß wir außer der Grenze unſerer Erfahrung keine **Erkenntniß** und **Wiſſenſchaft** haben können. Sie giebt aber doch zu, daß wir mittelſt unſerer, ohne Verbindung mit Erfahrungsſtoffe ganz leeren, Begriffe, Weſen, die nicht zur Sinnenwelt gehören, behuf der practiſchen Vernunft oder Sittlichkeit, uns **denken** dürfen und müſſen.

Der

Mag denn also / gleichwohl unser Begriff
von Wohlseyn, so wie der allgemeinere Begriff von Seyn, und alle unsere Begriffe
in der vollen Bestimmtheit unseres Bewußtseyns, auf unsere innere oder äußere Sinnlichkeit sich beziehen; gestehen wir immerhin ein,
wie wir freylich müssen, daß in der Bestimmtheit, wie wir diesen Begriff von Wohlseyn auf
uns und andere Menschen anwenden, wir ihn nicht
auf Gott anwenden können; daß wir weder das
göttliche Wohlseyn, oder die höchste Seligkeit
eines unendlich vollkommenen Wesens, noch die
Vorstellung und Erkenntniß die Gott vom
Wohlseyn anderer Wesen hat, und sein Wohlgefallen daran, uns bestimmt vorstellen oder
anschaulich machen können.   Dieß ist kein Umstand, der uns bey unserer Philosophie über
Gutes und Wohlseyn aufhalten kann; er fällt
nicht diesem Begriff besonders zur Last, sondern
ist eine Unvollkommenheit aller unserer metaphysischen, oder über die Grenze der Anschauungen
sich hebenden und erweiternden Erkenntniß;
ja aller analogischen Vorstellungsarten.   Auch
die Begriffe von Tugend, von Vernunft, von
Willen, von Wirklichkeit, von Substanz u. s. w.
passen nicht so auf Gott, wie sie auf uns passen.
Aber gleichwie wir bey diesen Begriffen, wenn
wir weglassen, was Unvollkommenheit anzeigt,
dennoch etwas übrig behalten, mittelst
dessen wie uns nothdürftig und ...

Natur angemessen, Vorstellungen bilden
können, von dem, was jenseit der Anschauung
die Vernunft anzunehmen — bleibe es itzt unausgemacht, ob bloß durchs Sittengesetz oder
durch allgemeinere Gründe — genöthiget ist:
so läßt sich auch der Begriff vom Wohlseyn
reinigen und erhöhen dergestalt, daß ihn die
Vernunft zur Ausbildung ihrer Ideale, und zur
zweckmäßigen Ausführung ihrer Theorien brauchen kann. Die Begriffe von Uebereinstimmung des Manchfaltigen, ungehindertem Zusammenwirken der einem Wesen zukommenden mehrern Kräfte — geben uns zwar
nicht, ich gestehe dieß gern ein, unsere ganze
Vorstellung vom Wohlseyn, so wie wir jene
Vorstellung aus unseren Gefühlen haben, eben
so wenig als der bloß negative Begriff von
Schmerzlosigkeit; es liegt vielmehr in derselben etwas, was wir immer voraus oder wieder
hinzusetzen müssen, wenn uns jene andere Vorstellungen völlig für diese gelten sollen. Aber
das allgemeine Objective, was wir bey der
genausten Untersuchung und Vergleichung unserer angenehmen Gefühle herausbringen können,
liegt in jenen Begriffen von Uebereinstimmung, von ungehindertem Zusammenwirken der mehrern Kräfte eines Wesens
und deren Erhaltung. Und so können wir also
diese Begriffe schon gebrauchen, um das Object
oder Materielle des Wohlgefallens unabhängig

von

von unferer Empfindung, auf einige, in ihren Folgen fruchtbare, Weife uns zu bezeichnen.

Was aber den auf einen **fubjectiven** Zuſtand, und dabey zu Grunde liegende Eigenſchaften und Fähigkeiten ſich beziehenden Begriff vom **Wohlgefallen** anbelangt: ſo kann ich nicht einſehen, wie dieſer Begriff in einer tranfcendentalen Lehre, oder bey Unterſuchungen der reinen Vernunft, im geringſten mehr Schwierigkeit verurſachen ſollte, als die Begriffe von **Willen, Wollen, Billigen, Nichtwollen, Nichtbilligen.** Ein Wollen, ein Billigen, ohne alles Wohlgefallen; ein Nichtwollen, ein Mißbilligen, ohne alles Misfallen — was ſoll dieß heißen? Unfer Wollen iſt nicht Wollen des Unendlichen; ſo auch nicht unfer Wohlgefallen. Aber dieß wird nur wieder die Frage, ob wir gar nichts zu denken übrig behalten, und zum vernünftigen Denken, da wo wir nicht bis zur Anſchauung beſtimmte Vorſtellungen haben können?

Und ſo ſcheinen es mir alſo Grundſätze zu ſeyn, vermöge unferer gemeinen Gefühle und Grundbegriffe, ohne noch ſittliche Begriffe und Grundſätze vorauszufetzen, daß alles **Wohlſeyn,** alſo auch alles, was Wohlſeyn befördert und erhält; ſo fern es dieß thut, ohne weitere Beziehung, etwas **gutes** ſey, ein nothwendiger Gegenſtand der Billigung und des

den, Schmerz und alles was Grund davon
iſt, ſo fern es dieß iſt, an ſich betrachtet, ohne
anderweitige Beziehung und Ideenverbindung,
ein nothwendiger Gegenſtand des **Mißfallens**
und für etwas **nicht gutes,** für bös oder ein
Uebel zu halten ſey.

Kann man ſich hievon nicht überzeugen: ſo
iſt keine Uebereinkunft in Anſehung der Begründung und Deduction der moraliſchen Begriffe,
in ihrem Verhältniß zum Willen, möglich. Hat man aber dieſe Ueberzeugung: ſo
macht das Uebrige wenig mehr zu ſchaffen. So
wird es bald klar, wie die mancherley Triebfedern und Principien des menſchlichen Willens
und Handelns ſich mit einander verbinden und
ordnen; wie das **Phyſiſche** mittelſt der Vernunft zum **Moraliſchen** wird; und wie dabey die verſchiedenen moraliſchen Syſteme ſo
wohl als die verſchiedenen ſittlichen Charaktere
der Menſchen, und die Urtheile über die Moralität einzelner Arten von Handlungen, **bey einerley unveränderlichem Grundweſen der
Vernunft,** und auch bey einerley **Form** oder
Formel des Sittengeſetzes, ſo verſchieden
ausfallen können und müſſen; nach der Verſchiedenheit, wie das **Angenehme** und **Nützliche**
in allen ihren Arten, mit mehr oder weniger ſeinem, mehr oder weniger berichtigtem Gefühl,
mit mehr oder weniger Ueberlegung und Ein-

ſicht,

ſicht, mehr oder weniger Glauben an Gott und
die Ewigkeit, beurtheilet werden.

Der Verf. ſagt S. 44. „Nehme ich auch
comparativ *a priori*, oder nach der Analogie,
Wohlſeyn der lebendigen Weſen, als
göttlichen Zweck in der Welt an: ſo iſt doch aus
dieſem Zwecke, der ſich auf (cosmiſche nicht
ſittliche) Güte und Weisheit des göttlichen
Weſens gründet, das Verhältniß des göttlichen
Willens zu dem unſrigen, und die beſtimmte
Beziehung irgend einer unſerer Handlungen auf
den oberſten Weltplan und die Beförderung deſſelben kein möglicher Gegenſtand unſeres Erken-
nens — Denn ohne höhere ſittliche Grundſätze zu
Hülfe zu nehmen, können wir nicht wiſſen, wiefern unſere Einſtimmung mit dem göttlichen
Willen dazu erfordert werde, oder worinne unſer beſtimmter Beytrag zur Beförderung des
Weltbeſtens beſtehen ſoll.„

Hiebey finde ich anzumerken;

1) Daß **Güte** und **Weisheit** des göttli-
hen **Weſens,** wie dieſe Begriffe mir und ſo
ielen andern die theoretiſche **Philoſophie**
war nicht geometriſch beweiſet, aber doch zur
ernünftigen Annehmung begründet, alles ſchon
ſich enthalten, was zum Begriff einer ſittli-
en **Vollkommenheit** gehört: denn Weis-
eit ſteht dem bloß maſchinenmäßig oder
ch bloßem Inſtinct, und ſinnlichen An-

entgegen, wie **Sittlichkeit** oder **vernünftiger Wille.** Eine nicht ſittliche Güte und Weisheit des göttlichen Weſens kann ich mir gar nicht denken.

2) Das Verhältniß dieſes göttlichen Willens zu dem unſrigen und die beſtimmte Beziehung unſerer Handlungen auf den oberſten Weltplan giebt ſich uns eben mittelſt der Begriffe von **Güte** und **Weisheit des göttlichen Weſens** zu erkennen; wenn wir unſere **Vernunft dabey gebrauchen.** Und der Verf. wird es doch bey jedem **Moralſyſtem**, jeder Philoſophie, für erlaubt halten, ja **für eine ſtillſchweigende wenn nicht ausdrückliche Vorausſetzung,** gelten laſſen, daß man die **Vernunft** dabey gebrauchen, alſo ihren weſentlichen **Geſetzen** gemäß verfahren müſſe, von Anfang bis zu Ende? Wird dieſe Bedingung nicht für eine **inconſequente Ausflucht** der Gegner erklären; wie es in den bisherigen Streitigkeiten über die Grundſätze der Sittlichkeit ſchon faſt das Anſehn hat gewinnen wollen? — Wenn alſo gefragt wird, was wir uns vernünftiger Weiſe von dem Willen eines vollkommen gütigen und weiſen Weltregenten, vom Willen der Gottheit, in Anſehung unſeres Willens und unſerer freyen Handlungen vorzuſtellen haben: ſo ſcheint mir die Antwort nicht ſchwer oder zweifelhaft. a) Der göttliche Wille kann nichts von uns verlangen, was den unab-

änder-

änberlichen Geſetzen unſerer Natur, unſeres Verſtandes alſo auch unſerer Vernunft entgegen iſt.
Denn ein weiſes Weſen kann nicht mit ſich
ſelbſt im Widerſpruch ſeyn, oder überhaupt un-
mögliche Dinge verlangen; ein gütiges Weſen
auch nicht quälen mit ſolchen unmöglichen For-
erungen. b) Der göttliche Wille muß vor al-
em wollen, daß unſer Wille gut ſey, d. h.
aß unſere Geſinnungen, Zwecke und Neigun-
en unſerem wahren Wohl, und den Wohl des
Ganzen angemeſſen ſeyn: Denn am Willen,
in der fortdauernden, immer wirkſamen
Quelle der Handlungen, muß einem weiſen, ver-
ünftigen Weſen, mehr gelegen ſeyn, als an ein-
elnen, in ihren äußern Folgen wohl nützlichen,
ber aus einem ſchlimmen Antrieb entſtehenden,
nd dieſen ſomit unterhaltenden und vermehren-
en Handlungen. c) Ueberhaupt muß er wol-
n, daß ein jeder zuförderſt auf ſein eigenes
Wohl, und die Gründe, die es erhalten und
ermehren, auf ſeine Vollkommenheit, bedacht
ſ); α) weil eines jeden Wohl hauptſächlich von
m ſelbſt abhängt, und durch ihn ſelbſt erhalten
nd befördert werden muß; β) weil in dem
Maaße, wie einer Kräfte, Verſtand, Zufrie-
nheit, kurz eigene Vollkommenheit beſitzt, er
ich nur fähig iſt das Wohl anderer zu beför-
rn. d) Da nun innerer Friede, Harmonie
r Strebungen, Hauptbedingung iſt, ſo wohl
r eigenen Glückſeligkeit, als der Fähigkeit an-

dern nützlich zu seyn, und überhaupt unnatürliche, widersinnische Dinge der göttliche Wille nicht verlangen kann (a): so ist **auf mehr als eine Weise klar**, daß jedes (**formale** und **materiale**) Vernunftprincipium, oder Vernunftgesetz, zu gleicher Zeit auch ein Grund ist, aus welchem sich die bestimmtere Anweisung zur Vorstellung vom rechten Verhältniß unseres Willens zum göttlichen Willen und Weltplan ergeben muß. e) Aus allem also ergiebt sich am Ende die bekannte Vorschrift: **Suche, Bestrebe dich,** durch dein Daseyn und dein ganzes Verhalten, zum Wohl des Ganzen **so viel** beyzutragen, **als dir möglich ist,** d. h. nach allen deinen Kräften und Verhältnissen, und besonders auch nach Maaßgabe deiner **Vernunft,** und aller deiner, durch ihre Leitung und Verbindung entstehenden, **bestmöglichsten Erkenntniß.**

3) Was also der Verf. nennt, **höhere sittliche Grundsätze zu Hülfe nehmen,** ist im Grunde weiter nichts, als **Vernunft zu Hülfe nehmen;** freylich **sittliche** oder **practische Vernunft,** in so fern als die **Gegenstände,** auf die es ankömmt, **sittliche** sind, freyer Wille, Gesinnungen, Handlungen. Aber wie kann dieß anders seyn oder vorausgesetzt werden bey irgend einem ersten, höchsten Grundsatz der Sittenlehre? Wenn dieß Cirkel oder Inconsequenz heissen soll: so verstehe ich keine philoso-

phische

phische Sprache mehr. Also könnte wohl, was
der Verf. (S. 2.) **Verirrungen der vernünf-
telnden Philosophie** in den moralischen Angelegenheiten nennt, von denen er doch Rückkehr,
mittelst der kritischen Philosophie, für möglich
hält, größtentheils nur **Mißverständniß**
seyn; und ich überlasse es der folgenden Genera-
tion unparteisch zu entscheiden, wie weit diese
Mißverständnisse von der kritischen Philosophie
veranlaßt wurden, durch Abänderung der Begriffe von **Glückseligkeit, Neigung, Angenehmen, Klugheit,** u. f. w.

Die Distinctionen, die hier sogleich Licht geben, und die Mißverständnisse wegräumen können, habe ich schon bey vielen Gelegenheiten
angezeigt. Wie man nemlich **bloß formale
Begriffe** und Grundsätze der **reinen Vernunft,**
und **vollständiger bestimmte** Begriffe und
Grundsätze der auf den **ganzen Menschen** und
seine wirklichen Verhältnisse **angewandten
Vernunft,** nicht mit einander verwechseln müsse.
Ferner die Begriffe und Grundsätze des **Naturrechtes,** in Beziehung auf Gerechtigkeit im
engern Sinn, und wo man es nur mit dem
Verstande zu thun hat, unbekümmert um die
Beweggründe; dann die **ersten Grundbegriffe** und Grundsätze der **allgemeinen practischen Philosophie** oder Willenslehre, wo
die Frage ist von den **ursprünglich** und **allge-**

image not available

Vermeidung aller Irrthümer geschehen mußte.
Aber nun auf der andern Seite muß man auch
nicht darüber vergessen, daß der Mensch nicht
bloß Verstand, oder keine Vernunft ist.

Seyn wir also billig; und hüten uns, auf
eine Weise den Theil fürs Ganze anzusehen,
oder die Theile mit einander zu verwechseln. So
können wir jeder seinen Gang gehn, aber mit
Anstand und zum größern Vortheil der gemeinschaftlichen Hauptabsicht. War Einseitigkeit beyden Parteyen im Anfang zu verzeihen; so würde
sie es je länger, je weniger seyn.

II. David Hume über die menschliche Natur
aus dem Englischen, nebst kritischen Versuchen zur Beurtheilung dieses Werkes,
von Ludwig Heinrich Jacob Prof. der
Philosophie in Halle. Erster Band über
den menschlichen Verstand. Halle bey
Hemmerde und Schwetschke. 1790. 893 S.
gr. 8.

Der manchfaltige Werth, den diese Arbeit hat,
ist ohne Zweifel für die meisten schon so entschieden, daß ich nicht für nöthig halte, darüber etwas zu sagen. Ich werde mich bloß darauf einschränken, zu versuchen, ob ich einen Hauptpunkt,
auf welchen meine Beurtheilung in den G. A.

wie er mir in einem Briefe freundschaftlich zu erkennen giebt, glaubt, daß ich ihn mißverstanden,
und, obgleich gewiß ohne meinen Willen, Unrecht gethan habe, ins Reine bringen kann. Dieser Punkt ist nemlich die Deduction des Hauptsatzes der Caussalität aus einem Grunde a priori.

In der angezogenen Recension habe ich aus
dem Werke des Verf. S. 730 f. nachfolgende
Worte angeführt. „Von diesem Satze, daß jedes Ding in der Sinnenwelt seine Ursache habe,
ist die Vernunft fest überzeugt, nicht, weil der
Begriff eines Dinges in der Welt den Begriff
einer Ursache mit in sich schließt, oder weil die
Erfahrung uns einen solchen beständigen Zusammenhang aller vergangenen und künftigen Begebenheiten gelehrt hat; sondern weil wir vermit-
telst der Vernunft einsehen, daß, im Fall keine
ursachliche Verknüpfung unter den Gegenständen
der Sinnenwelt statt fände, gar keine Erfahrungserkenntniß derselben möglich wäre. — Daß
aber Erfahrungserkenntniß möglich sey, wird
durch ihre Wirklichkeit bewiesen.„

Und meine Beurtheilung der in diesen Worten liegenden Deduction jenes Hauptsatzes der
Vernunft lautete so: „Durch dieß letztere sucht
der Verf. den schon oft gemachten Einwurf zu he-
ben, daß wenn auch aus dem Begriff der Erfahrung gefolgert werden könnte, daß keine Erfahrung möglich wäre, wofern nicht Caussalver-
knüpfung in der Natur wäre, damit doch noch
nicht erwiesen seyn würde, daß und wie weit diese
Verknüpfung da sey, bevor ausgemacht ist, ob
und wie weit eine solche, diese objective Verknüpfung voraussetzende, Erfahrungserkenntniß
unserem Verstande zukomme? Wenn sich nun
aber der Verf. hier auf die Wirklichkeit dieser

Erfah=

Erfahrungserkenntniß beruft: so ist ja a) der
Schein eines Beweises oder einer Deduction a
priori hinweg; und man kömmt in das System
derjenigen, die da gerade zu sagen, wir wissen
es aus der Erfahrung, daß Caussalverhältniß
d. i. Regelmäßigkeit, Gesetze der Erfolge in der
Natur sind. Denn was macht es im Grunde für
einen Unterschied; ob einer sagt, wir wissen es aus
der Erfahrung, a posteriori, daß es eine Erfahrungserkenntniß, d. h. Erkenntniß eines durch allgemeine Gesetze regelmäßig bestimmten Laufes der
Natur, einer nothwendigen Verknüpfung, giebt;
oder ob er sagt: wir wissen es aus der Erfahrung,
a posteriori, daß es in der Natur allgemeine,
Regelmäßigkeit bewirkende, die Erfolge nothwendig machende Gesetze, kurz Caussalverhältniß
giebt? Ob Definition und Definitum zusammen,
oder letzteres allein zum Subject des Satzes genommen wird; wenn der Beweisgrund desselben
doch immer Erfahrung ist? Und b) was ist auf
diese Weise gegen Humen ausgerichtet? Wird
derselbe nicht noch immer und mit demselben
Grunde fragen können: wie wir dieß aus der
Erfahrung wissen, oder ob das, was wir so wissen, erfahren, mehr enthalte, etwas anderes sey,
als er auch wußte, und nie leugnete?

Hierauf bezieht sich nun die freundschaftliche
Gegenkritik des Verf. die ich hier einzurücken kein
Bedenken trage — so wenig ich es allgemein gut
finde, den Inhalt freundschaftlicher Briefe, auch
wenn er wissenschaftlich ist, dem Druck zu übergeben
— da sie nicht nur so abgefaßt ist, daß sie ohne
Nachtheil für den Verf. sich öffentlich zeigen kann,
sondern ich ihm auch gemeldet habe, daß ich diesen Gebrauch davon zu machen Willens sey, und

„Sie haben mir (gewiß ohne Ihren Willen)
Unrecht gethan. Denn Ihr Schluß trifft mich
schlechterdings nicht. — 1) Es ist ganz etwas
anders, aus einer Thatsache Schlüsse machen, und
aus der Erfahrung, oder a posteriori beweisen.
Alles unser für wahrhalten muß sich, wenn es
nicht schimärisch seyn soll, auf irgend eine Thatsache gründen; es mag ein für wahrhalten a
priori oder a posteriori seyn. Dieß bezweifelt kein
Mensch. Aber aus dieser Thatsache lassen sich oft
Schlüsse ziehn, welche Prädicate von andern
Thatsachen aussagen, die wir noch nicht erfahren
haben; und jene Sätze gelten daher von ihnen a
priori. 2) Wenn ich nun die menschlichen Kräfte,
Sinne und Verstand, mit der Sinnenwelt ins
Spiel setze, und ihre Wirkungen beobachte: so
nehme ich wahr, daß Sinne und Verstand nach
gewissen Gesetzen wirken; und wenn ich diese Gesetze absondere, ohne welche ihre Wirksamkeit
ganz aufhören müßte, so habe ich ihre nothwendigen Gesetze. 3) Wenn ich nun die Gegenstände
mit dem Verstande vergleiche: so sehe ich, daß
die einzige mögliche Art, wie sich ein Verstand
an Gegenständen wirksam erweisen kann, ist; daß
er sie, wie Grund und Folge oder wie Ursache und
Wirkung, verknüpft. 4) Setzen Sie nun, es gäbe
keine Ursache und Wirkung in der Welt: so wäre
der Verstand ein unnützes Ding, das seine Kräfte
gar nicht äußern könnte. Dieses ist aber absurd.
5) Setzen Sie ferner, es wären nur einige Gegenstände, die nicht dem Gesetze der Caussalität
unterworfen wären: so sollte er diese Gegenstände
erkennen (weil er sie sich, nach der Voraussetzung,
vorstellt;) und könnte sie doch nicht erkennen;
(weil er sie nicht nach seiner einzig möglichen Art
verbinden kann;) Dieß ist wieder absurd. 6) Also

schließe

schließe ich mit Recht, aus diesem einzigen facto,
a priori — daß alle Dinge in der Sinnenwelt,
die ich nie erfahren habe, auch nie erfahren werde,
nach diesem Gesetze objectiv zusammenhängen.
Ich schließe aber nicht: weil ich von allen oder
von den mehrsten Dingen dieses Gesetz erfahren habe, a posteriori; denn dieses wäre kein hin-
reichender Grund. Sondern weil ich aus der
Vergleichung des Verstandes (der ein Factum ist)
mit Gegenständen, die er erkennen soll, überhaupt finde, daß er sie gar nicht erkennen könnte,
wenn sie nicht also verknüpft wären. Zweifeln,
ob sie also verknüpft sind, heißt zweifeln, ob man
seinen Verstand brauchen und urtheilen soll. Ein
Zweifel, der sich selbst zernichtet, und den die gegebene Kraft selbst, die immer wirkt, nie auf-
kommen läßt. Mein Beweis ist also wirklich ein
Beweis a priori. Denn ich schließe nicht: weil
ich bemerkt habe, daß alle oder die meisten Dinge
verknüpft sind; so sind sie alle verknüpft. Sondern weil ich bemerkt, daß mein Verstand die
Dinge gar nicht verknüpfen könnte, wenn sie nicht
objectiv verknüpft wären: so sind auch alle diejenigen verknüpft, von welchen jemals nur Erfahrungserkenntniß möglich ist.„

So weit mein Freund. Und ich glaube
daraus einzusehen, wie es ihm scheinen konnte,
daß ich ihm Unrecht gethan, und die Natur seines Beweises verkannt habe. Aber, wenn ich
auch hierinnen etwas habe zu Schulden kommen
lassen, was sich zuletzt zeigen wird; so kann ich
doch mit allen diesen Erläuterungen überall noch
einen Beweis und keine Deduction des Grund-
satzes der Caussalität aus einem ganz a priori in
ins liegenden Grunde wahrnehmen. Ich will

lich prüfen, um, was ich vermag, zur Aufklärung dieſes wichtigen Streitpunktes, benzutragen.
Zu dem Ende habe ich ſie mit Numern abge-
theilt.　Alſo

1) Räume ich das allgemeine Princip vollkommen ein; daß, wenn aus einer Thatſache
richtig geſchloſſen werden andere Prädicate,
als die die Erfahrung von dieſer Thatſache ausmachen, dieſe geſchloſſenen Prädicate nicht als mit
zur Erfahrung gehörig und a poſteriori erkannt
betrachtet werden dürfen, ſondern, in ſo fern ſie
Folgen eines Denkgeſetzes oder andern allgemeinen Grundſatzes ſind, a priori erkannt und bewieſen heißen müſſen.　Es wird alſo, in der Anwendung auf den vorliegenden Fall, darauf ankommen; ob aus dem, was wir, ohne Vorausſetzung
des Grundſatzes der Cauſſalität, welcher bewieſen
oder deducirt werden ſoll, als Thatſache wiſſen,
mittelſt irgend eines unleugbaren andern Grundſatzes geſchloſſen werden könne, daß jedes Ding
in der Sinnenwelt ſeine Urſache habe.

2) Nun die Thatſache, aus welcher der Verf.
ſchließt, worinne beſteht ſie? Nach der commen-
tirten Stelle können wir ſie ſo angeben: Es giebt
Erfahrung.　Nach dem commentirenden Brief,
in der bezeichneten Stelle, auch ſo: Es giebt
Verſtand.　Aus einem, wie aus dem andern
ſcheint nun dem Verf. zu folgern: daß alle Dinge,
von welchen je Erfahrungserkenntniß möglich
ſeyn ſoll, oder bey welchen irgend Verſtandes-
wirkungen ſtatt finden, alſo alle Dinge der Sinnenwelt, objectiviſch nach dem Cauſſalgeſetz verknüpft ſeyn müſſen.　Der nächſte Grund, den der
Verf. hiebey deutlich angiebt, iſt der: diejenigen
Geſetze, ohne welche der Verſtand gar nicht wirken könnte, ſind nothwendig.　Ich gebe dieß zu;

es

s folgt offenbar aus den Begriffen; aber offen=
bar auch nur mit der Einschränkung, oder in dem
Sinn: So nothwendig als der Verstand selbst,
nd die Wirkungen, welche nicht möglich wären
hne jene Gesetze. Nun aber

3) Könnte denn ohne das Gesetz der Caussali=
ät, ohne objectiven Caussalzusammenhang aller
Dinge in der Welt, der Verstand gar nicht wir=
en? Könnte es ohne diese Voraussetzung gar
eine Erfahrung geben? Hier suche ich mit dem
Verf. zusammen zu kommen, und mit der Kanti=
schen Deduction — und kann es nicht. Es liegt
voran es wolle; die gegenwärtige Veranlassung
t für mich insbesondere zu dringend, um nicht
och einmal die Deutlichmachung meiner Gründe
u versuchen. a) Der Verstand — ist, auch nach
Kants Erklärung, das Vermögen der Begriffe,
r bildet Begriffe durch Absonderung und Zusam=
menfassung des Gemeinschaftlichen der mehrern
einzelnen Erscheinungen. Er ordnet die Begriffe,
in seinen Eintheilungen, nach den Verhältnissen
ihrer Einerleyheit und Verschiedenheit. Gewiß
ist es nun zwar, daß es bey der wissenschaftlichen
Abfassung, Läuterung und Vollendung der Be=
griffe, auf Caussalzusammenhang ankömmt; denn
da ist die Frage, was zusammengenommen wer=
den muß, was wesentlich beym Objecte ist? Aber
ehe es zu dieser Frage kömmt, findet doch der
Verstand schon mannichfaltige Beschäftigung mit
allgemeinen Begriffen. Und bey wie vielen unse=
rer wissenschaftlichsten Begriffe von den Dingen
in der Welt sind wir im Stande ihren ganzen
Inhalt, nach dem Caussalzusammenhang, zu er=
klären? Giebt es doch selbst in der menschlichen
Natur noch manches, wenigstens noch Theile des
Körpers, deren Zweck und Nothwendigkeit aus

dem Begriff der übrigen Theile noch nicht darge-
than werden kann; die aber doch zum Begriff von
der itzigen Menschennatur mit gerechnet werden;
darum weil sie sich so allgemein bey den übrigen
finden. Also Begriffe bilden und seine Begriffe
ordnen kann doch der Verstand, ohne Voraussetzung oder Anwendung des Caussalgesetzes. Und
— was ja eben hierinne schon enthalten ist —
auch urtheilen, Verhältnisse bemerken; Verhältnisse der Einartigkeit und Verschiedenheit, unmittelbar, und durch Schlüsse. — Dazu braucht
er, wie bekannt ist, nur den Grundsatz des Widerspruches. Auch die Bewirkung des Neben-
einanderseyns und Aufeinanderfolgens, und die
Verrichtungen des Verstandes, wenn er nach
chronologischer und geographischer oder kosmo-
graphischer Ordnung seine Vorstellungen verbindet, erfordern an sich noch nicht den Grundsatz
der Caussalität. Also — kann ich nicht einsehen,
wie aus dem Daseyn des Verstandes und irgend
einigen Wirkungen desselben, das Gesetz der
Caussalität geschlossen werden, und mit Recht behauptet werden könne, daß die einzige mögliche
Art, wie sich der Verstand an Gegenständen wirksam erweisen könne, die sey, daß er sie, wie
Grund und Folge oder wie Ursache und Wirkung,
verknüpfe? Oder 4) daß unter der Voraussetzung,
es gebe keine Caussalverbindung unter den Gegenständen des Verstandes, derselbe ein unnützes Ding
wäre, das seine Kräfte gar nicht äußern könnte?

5) Freylich würde der Verstand nicht so sich
beweisen können, nicht alle seine Wirkungen hervorbringen können, wie nun; die allerwichtig-
sten Dienste uns nicht leisten können, wenn keine
Caussalgesetze wären. Aber a) hieße dieß doch
nicht so viel, als daß er gar nicht wirken, nichts
erken-

rkennen und ordnen könnte. b) Sehe ich auch
noch nicht ein, wie die Allgemeinheit des Grund=
ages der Caussalität, wenn wir alle Wirkungen
des Verstandes, die Thatsache sind, so wie sie es
sind, voraussetzen, . folge, wie der Verf. sie
folgert, deductione contrarii ad absurdum; also
nach dem Satze des Widerspruches. Gehn wir
wieder zurück auf das vorher (1-3) bemerkte. Der
Verstand verbindet und ordnet die Erscheinungen,
nach ihrer Aenlichkeit und Verschiedenheit; eben
so verbindet und trennt er Begriffe und Urtheile,
bloß nach dem Gesetze, welches insgemein der
Satz des Widerspruchs genannt wird. So ordnet
er also auch die bemerkten Verhältnisse des Bey=
sammenseyns und Aufeinanderfolgens, nach ihrer
Einstimmigkeit und Verschiedenheit; und unter=
scheidet dabey das Allgemeine, Gemeine, Ge=
wöhnliche, und das Besondere, Seltene, Un=
gewöhnliche. Und so entsteht, was man im
eigentlichsten Sinn bloße Erfahrung nennt:
die empirischen Grundsätze, empirisch erkannte
Naturgesetze, die nicht aus den Begriffen, oder
aus allgemeinern Naturgesetzen, bewiesen werden
können, sondern bloß auf der Uebereinstimmung
vieler wahrgenommenen Erscheinungen beruhen.
Bey Seite gesetzt die Frage; ob auch der Grund=
satz der Caussalität keinen andern Grund habe;
ist es doch ausgemacht, daß auch in den Wissen=
schaften noch sehr viele solche Grundsätze vorkom=
men; z. E. die wichtigen Gesetze der chymischen
Verwandtschaft, die Gesetze der magnetischen
Wirkungen. Diese nun so vom Verstande, nach ih=
rer Einartigkeit und Verschiedenheit, geordne=
ten, und zu solchen Erfahrungssätzen erhobenen
Wahrnehmungen, werden auch Regeln für die
practische Vernunft. Es ist Vernunft, sich vor

dem

dem zu hüten, worauf in ſehr vielen Fällen böſes
immer gefolgt iſt, und das zu thun, worauf Gutes immer folgt, wenn ſonſt nichts dagegen ein-
zuwenden iſt; auch wenn die Nothwendigkeit, und
die Art wie eines auf das andere folgt, gar nicht
eingeſehen wird.   Dieß iſt nicht nur gemeine
Vernunft; ſondern die größten, wiſſenſchaftlich
aufgeklärten, Aerzte geſtehen, daß ſie ſich noch mancher empiriſchen Mittel bedienen.   Geſetzt alſo,
daß nicht alle Erfolge in der Welt dem Geſetze,
der Cauſſalität unterworfen wären; geſetzt, daß
der Epikuriſche Zufall in einigen Fällen Statt
fände: ſo würde dennoch der Verſtand verbinden
und trennen und ordnen; es würde das Gemeine
vom Beſondern ſich ſcheiden, und es würden Regeln für die Vernunft entſtehen.   Daß dieſe Verbindung, Trennung und Anordnung auch durch die
Geſetze der Imagination bewirkt werden: daß
das Triebwerk der Imagination dem Verſtande
und der Vernunft dabey zu Hülfe und zuvor
kömmt; berechtiget weder zu der Folge die den
Humiſchen Hauptſatz in dieſer Lehre ausmacht,
nach welchem nemlich alles nur Gewohnheit oder
Inſtinct ſeyn ſoll; ⸗ noch thut es dem Abbruch,
was ich gegen den Verf. hier zu behaupten ſuche.
Immerhin mögen Imagination und Verſtand
oder Vernunft einſtimmig wirken; wenn nur beyde
wirken, oder letztere das auch nach ihren Geſetzen
annehmen, und anerkennen, was jene zuerſt bewirkt hat.   Und ich kann alſo nicht einſehen, wie
mein Freund ſchließen kann: Es giebt Verſtand,
und Wirkungen des Verſtandes; es giebt Erfahrung;   alſo — müſſen alle Dinge in der Sinnenwelt im Cauſſalverhältniß ſtehen.   Denn nicht nur
ſcheint es mir offenbar, daß es überhaupt Ver-
ſtandesbeſchäftigungen gebe, die beſtehen könnten,

wenn

enn auch dieß Verhältniß nicht wäre; sondern
ich, daß Erfahrungssätze und Regeln durch die
bereinstimmung der mehrern Erscheinungen
tstehen müssen, wenn wir auch weiter nichts
ssen, als, was sich aus der Uebereinstimmung
r mehrern Wahrnehmungen ergiebt, nemlich,
s unter gewissen Umständen bisher immer
chehen ist.   Denn es kann nicht vernünf-
es Verhalten heißen, etwas, worauf
sere Erkenntniß uns auf keine Weise führt,
    Beweggrund oder Regel des Verhaltens an-
iehmen; bloß darum weil die Unmöglichkeit
selben nicht einleuchtet. Der Verf. sagt:,, Setzen
, es wären nur einige Gegenstände, die nicht
n Gesetze der Caussalität unterworfen wären:
sollte der Verstand diese Gegenstände erkennen,
il er sie sich nach der Voraussetzung vorstellt;
) könnte sie doch nicht erkennen, weil er sie
)t nach seiner einzig möglichen Art verbinden
n.,,   Aber wie macht es denn der Verstand,
so manchen seiner Gegenstände, die er unter,
 Gesetz der Caussalität noch nicht ordnen kann,
zleichen es noch so viele für den menschlichen
:stand giebt? Wenn freylich Erkenntniß einer
che die Erkenntniß ihrer Caussalität mit in
fassen soll: so hat er zwar diese Erkenntniß
ihnen noch nicht.   Aber doch könnte ohne Wi-
pruch gesagt werden daß er Vorstellungen von
en Gegenständen, ihren Theilen und mancherley
hältnissen derselben zu andern Dingen, nach
, Zeit, Aenlichkeit, habe.   Wenn ich Infusions-
rchen, oder irgend etwas, sich bewegen sehe;
de mein Verstand diese Vorstellung gar nicht
en können, wenn wir voraussetzen wollten,
diese Dinge durch den Zufall entstanden seyn;

L 3   oder

oder ganz und gar keine Erkenntniß von denselben
Statt finden? Diese Folge sehe ich nicht ein.

b) Eingeschränkter würde allerdings der Ge=
brauch unseres Verstandes seyn, wenn es nicht
Caussalzusammenhang unter den Erscheinungen
gäbe, und wenn wir nicht die Allgemeinheit die=
ses Zusammenhangs voraussetzten, die uns die
Erfahrung nicht lehrt und nicht lehren kann.
Dieß ist gewiß, und dieß habe ich vorher schon
gesagt. Aber bey Seite gesetzt nun, daß der
eingeschränktere Gebrauch doch noch einiger Ge=
brauch seyn würde: so bleibt nun immer die
Hauptfrage, was uns zur Voraussetzung dieses
Zusammenhangs und seiner Allgemeinheit berech=
tige? Ob der Begriff von Verstand oder Vernunft
für sich allein; oder das in den Erscheinungen
gegebene Regelmäßige, Einstimmige, und das
Wesen der Vernunft zusammen? Letzteres ist
meine Behauptung, wie ich an so manchem Orte
deutlich glaube vorgetragen zu haben. Und ich
will also, wenn dieses die Sache deutlicher macht,
gern ausdrücklich einräumen, daß ein Theil des
Grundes, weswegen wir den Grundsatz der Caus=
salität annehmen, im Wesen oder dem Begriff
der Vernunft liege. Aber ganz kann ich ihn
darinn nicht finden. Denn mit welchem Grunde
dürfte die Vernunft behaupten, daß Caussalität,
Regelmäßigkeit der Erfolge in der, Natur wäre;
wenn dergleichen sich nirgends objectivisch zeigte?
Dämit, daß sie unnütz wäre; mit diesen regello=
sen Erfolgen nichts anfangen könnte? Aber was
bewiese dieß; so lange nicht vorausgesetzt wird,
daß alles in der Welt zweckmäßig sey, oder daß
die Verhältnisse der Gegenstände mit den Bestre=
bungen und Gesetzen der Vernunft übereinstimmen
müssen? Und wie die Vernunft zu dieser Voraus=
setzung

zung gerade zu, unmittelbar durch ihr Wesen kom=
, ohne cosmologisch=theologische Sätze zu Hülfe zu
hmen, die doch Kant bey seiner Deduction nicht zu
ilfe genommen hat, und schwerlich hiebey zu Hülfe
hmen wird; darüber, ich bekenne es gern, muß
r noch mehr Aufklärung gegeben werden, wenn
es einsehen soll. Denn wollte man auch gleich
en, die Vernunft berechtige sich selbst dazu;
il ihr Trieb dahingeht, und einer jeden Kraft
Trieb Gesetz ist, so fern sie keiner höhern
aft unterworfen ist, und die Vernunft eben die
chste Kraft des menschlichen Geistes ist: so
eint es mir nicht, daß die Vernunft so unab=
ngig vom Gegebenen der Erscheinungen über
se entscheide. Fände sich die Vernunft in einem
chlaraffenland, wie man es bisweilen genannt
t, unter einem Gewühle von abwechselnden
scheinungen ohne allen regelmäßigen Zusammen=
ng: so möchte sie sagen, hier ist nichts für
ich zu thun; aber daß sie sagen würde, hier
uß doch Zusammenhang seyn, weil außerdem
hier nicht wirken könnte, scheint mir nicht so.
en darinne unterscheidet sich ja die Vernunft
n der Phantasie; daß jene, nicht, wie diese,
ch bloß subjectiven Trieben die Vorstellungen
n Gegenständen behandelt, verbindet oder trennt;
ndern daß sie objective oder mit den Gegenstän=
n selbst gegebene Gründe erfordert, und nach
esen sich bestimmt. Bey dem Gegebenen stehen
eiben, widerspricht freylich ihrem Wesen. Sie
ließt, über die Grenzen der Erfahrung hinaus,
f das Vergangene, Künftige und Allgemeine.
ber doch immer gemäß dem von und mit den Ge=
nständen, in der vollständigsten und deutlichsten
Wahrnehmung derselben, Gegebenen.

L 4   Was

Was mir alſo von meinem Freunde zur Laſt
gelegt werden könnte, iſt nach meiner itzigen Einſicht nur dieß; daß bey meinen nicht deutlich genug gemachten Einwendungen es das Anſehn gewinnen konnte, als ob ich ein anderes allgemeines
Princip dem Räſonnement des Verf. unterlegte,
als was er dabey zum Grunde gelegt hat. Sein
Princip iſt richtig. Aber die Anwendung ſcheint
mir nicht klar zu ſeyn. Die von ihm angezeigten,
und unter den ſtreitenden Parteyen ausgemachten
Thatſachen, es giebt Verſtand, Erkenntniß, Erfahrung, ſo wie ſie von Hume und allen zugegeben werden, und zugegeben werden müſſen, ſcheinen mir nicht, mittelſt des Satzes von Widerſpruch die Folge zu geben; daß alle Erſcheinungen
nach dem Geſetze der Cauſſalität nothwendig erfolgen. Klärt ſich mir dieſe Folge noch je auf: ſo
will ich es mit Vergnügen bekennen. Weit ſind
wir ohnedem nicht auseinander. Der Verf. beruft ſich auf das Weſen der Vernunft und auf Erfahrung; ich auch. Er ſagt, wenn nicht Cauſſalzuſammenhang unter den Gegenſtänden wäre: ſo
würde der Verſtand gar nicht wirken und die Gegenſtände nicht erkennen, oder Erfahrung von
ihnen haben können. Und ich geſtehe ein, daß
der Verſtand in ſeinen Wirkungen ſehr einge-
ſchränkt ſeyn würde, wo dieſe Vorausſetzung nicht
Statt fände. Er ſchließt: die Vernunft muß dieß
alſo vorausſetzen; oder es folgt eben daraus, weil
der Verſtand wirkt, und folgt für den ganzen
möglichen Umfang ſeiner Wirkſamkeit. Ich
ſchließe: da ſich bey der vollkommenſten Erkenntniß, die wir haben, dieſer Zuſammenhang wirklich
zeigt, Beweis des Gegentheils nirgends ſich findet:
ſo iſt die Vernunft berechtiget ihn, überall vorauszuſetzen, und ihre Regeln und Vorſchriften darauf
zu

gründen. Was noch geschehen muß, um diese
rklärungen völlig einstimmig mit einander zu
achen; wird ferneres Nachdenken vielleicht
fenbaren.

II. Lehrsätze des Naturrechtes und der damit
verbundenen Wissenschaften, zu Vorlesungen von Gottlieb Hufeland, der W.
W. und R. Doctor und öffentl. Lehrer
auf der Univers. Jena. Bey Cuno's Erben
1790. 300 S. 8.

Dieß neue Lehrbuch zeichnet sich nicht nur in
er Bearbeitung der allgemeinen Grundlehren,
ondern auch in manchem der besondern Haupt-
tücke sehr vortheilhaft aus; und wird sich daher
zewiß Lehrern und Lernenden von selbst empfeh-
en.   Wenn ich aber, was ich daran auszusetzen
jabe, in eine Bemerkung zusammenfassen soll:
o möchte ich wohl sagen, daß der Verf. es darinne
versehen habe, daß er es zu genau genommen,
ober nach einem zu hohen Ideal von Wissenschaft
ju arbeiten angefangen habe.
Ich sehe sehr gut ein, und es ist leicht einzusehen, wie dieser Vorwurf gegen mich gekehrt,
und bey dieser Gelegenheit wieder viel schönes,
über meine Art die philosophischen Wissenschaften
zu bearbeiten, gesagt werden könne.   Aber es
bleibt doch gewiß, daß die Wissenschaften darunter leiden können, wenn man Forderungen dabey
Genüge zu leisten sucht, denen nicht Genüge geschehen kann; und solche Ideale, die nur in den

wenig

wenigsten derselben, nur in denjenigen erreicht
werden können, die es mit bloßen Vorstellungen,
mit bloßen Formen in uns, zu thun haben, in
denjenigen Theilen der Gelehrsamkeit erreichen
will, wo es auf gegebene, aber meistentheils nicht
vollständig und genau gegebene, Objecte und
Materialien ankömmt. Dann geräth man in
Gefahr, entweder ein scheinbar demonstratives
dogmatisches System sich zu erkünsteln, das nur
so lange befriediget, als die Täuschung der will=
kürlich angenommenen oder erschlichenen und
zweydeutigen Gründe dauert; oder, wenn diese
offenbar wird, im Unwillen alles wegzuwerfen,
und an aller Erkenntniß zu verzweifeln; oder, wenn
man auch vor diesen beyden Extremen sich hütet,
dennoch mehr aufzugeben und aus der Wissen=
schaft zu verweisen, als den letzten Zwecken ge=
mäß ist; weil man es nicht in völligster Deutlich=
keit, Bestimmtheit und ganz unstreitiger Gewiß=
heit haben kann.

Es ist zwar der Natur des Verstandes gemäß,
nach möglichster Vollkommenheit der Erkenntniß
zu streben; und die wissenschaftliche Bearbeitung
unserer Vorstellungen soll eben hiezu behülflich seyn.
Aber es ist doch auch gewiß, daß die Urtheile und
Beschließungen der Vernunft nicht bloß von voll=
ständiger und ganz evidenter Erkenntniß abhän=
gen; sondern daß, und zumal wo es auf Ent=
schließungen und Handlungen ankömmt, die Ver=
nunft durch unvollständige, nicht auf alle Fälle
ausreichende, nicht gegen allen möglichen Irr=
thum vollkommen gesicherte, Erkenntniß, die sich
aber doch durch sorgfältiges Nachdenken und all=
seitige Erwägung zu einer größern Vollkommen=
heit, als in der sie der gemeine Verstand hat,
bringen läßt — bestimmt werden kann; wenn die

Leiden=

eidenschaften sich nicht widerseßen. Wo diese
izwischen treten; da richtet die größte Evidenz,
:r Augenschein, oft nichts aus.

Ich bin mit dem Verf. vollkommen einig
irinne, daß mit bloßem Naturrechte die be-
immten Angelegenheiten der Menschen nicht aus-
:macht werden können; daß positive Gesetze,
irigkeitliche Auctorität oder Verträge der In-
ressenten, ihm zu Hülfe kommen müssen. Nur
heint er mir zu vieles dem Naturrechte entzogen,
nd von positiven Gesetzen abhängig gemacht zu
aben; und eben dadurch, daß er einige Gründe
es Naturrechtes, weil sie noch etwas mangel-
afte an sich haben, nicht auf alle vorkommende
;älle ganz bestimmt sind, darinne gar nicht ange-
ommen hat, scheint er mir einiges, was er fürs
R. R. noch behauptete, auf allzuschwache Gründe
:ebaut zu haben.

Er will, daß im Nat. Zwangsrechte keine
Rücksicht auf die unsern Rechten entsprechenden
Pflichten anderer genommen werde; er hält
Seichen des Eigenthums äußerer Güter zur Be-
;ründung desselben gar nicht für nöthig; weder
:in Recht zum Ersaß des geraubten Gutes, wenn
:s nicht mehr vorhanden ist, noch Recht zu Stra-
'en soll im eigentlichen Naturrechte Statt finden,
weil es da an genugsam bestimmten Grundsätzen
der Zurechnung fehlet. Die allgemeinsten Grund-
säße zur richtigen Erklärung so wohl, als die
Lehre von den zur mehrern Versicherung eines
Vertrags dienenden Mitteln, (den pactis
accessoriis) und mehreres noch, verspart er in
den ihm nöthig scheinenden Theil des Na-
turrechts, das allgemeine bürgerliche Recht;
wo er nemlich glaubt annehmen zu können, daß
zum gemeinen Besten, kraft obrigkeitlicher Autori-
tät

tät, alles erst zur Anwendbarkeit hinreichend be=
stimmt werden dürfe und müsse.

Und warum alles dieses? Ich kann keinen an=
dern Grund entdecken, als den, der auch vom
Verf. an mehrern Orten ausdrücklich angegeben
ist; daß alle jene Punkte im Allgemeinen, mit
bloßen Vernunftgründen, nicht so genau bestimmt
und ins Licht gesetzt werden können, daß alle Zwei=
fel und Schwierigkeiten in der Anwendung weg=
fallen. Es sind in den letzten Jahren gerade ge=
gen einige dieser Lehrpunkte von scharfsinnigen
Männern Einwürfe vorgebracht worden, von
denen sich wahrscheinlich vermuthen läßt, daß sie
der Verf. vor Augen gehabt, und daß sie ein we=
nig zu starken Eindruck auf ihn gemacht haben.
Aber wenn alles aus dem N. R. wegbleiben sollte,
was solche Einwürfe und Schwierigkeiten in der
Anwendung wider sich hat; fürwahr es würde
nicht viel mehr übrig bleiben.

Je mehr man aber hat einsehen lernen, wie
alles sich bestreiten und zweifelhaft machen läßt,
und insbesondere, wie überall Schwierigkeiten bey
der Anwendung sind, kurz wie es mit der Allge=
meinheit und Nothwendigkeit der wissenschaft=
lichen Sätze steht, sobald die Subjecte derselben
nicht die Begriffe, sondern die Dinge außer den
Begriffen sind: desto weniger läßt man sich irre
machen, und abhalten, die menschliche Wissen=
schaft überall so weit zu treiben, als sie sich trei=
ben läßt; und giebt nicht alles auf, weil man
nicht alles behaupten kann.

Die Anwendung dieser Grundsätze auf die vor=
liegenden Fälle ist nicht mehr schwer; so bald
man von den Grundsätzen überzeugt ist.

Keiner ist im N. R. des andern Richter, ein je=
der sein eigener. Also — schließt der Verf. be=
stimmen

mmen ſich die Rechte eines Jeden nur nach
nen Pflichten, nicht nach den Pflichten des an=
rn, die jener nicht wiſſen kann. Aber — ant=
orte ich — gewiſſe Pflichten ſchreibt die Vernunft
en ſo deutlich vor, daß ich ſie als ihnen bekannt,
er, ſo bald ſie ihre Vernunft gebrauchen, er=
nnbar vorausſetzen darf; mit eben dem Rechte,
it welchem vorausgeſetzt wird, daß ſie vernünf=
ze Weſen ſeyn, und daß ich ſie als ſolche zu be=
indeln habe.

Es iſt nicht möglich, natürliche, allgemein ver=
ändliche Zeichen des Eigenthums anzugeben.
lſo — ſchloſſen einige — giebt es kein natürlich
ollkommenes Eigenthumsrecht. Alſo — ſchließt
n:er Verf. — dürfen die natürlichen Eigenthums=
:chte nicht abhängig gemacht werden von Zeichen,
nd äußerlichen Handlungen, die jene etwa her=
orbrächten. Alſo — ſchließe ich, und ſcheint
ir nur geſchloſſen werden zu können — giebt es
eine natürlich vollkommene Eigenthumsrechte da,
vo es an ſolchen Zeichen fehlet, bey welchen an=
ere den Gegenſtand vernünftiger Weiſe nicht
nehr für freyſtehend halten können. Aber ſolcher
Zeichen giebt es viele und mancherley; die daher
uch unter den unwiſſendſten Völkern anerkannt
ind.

Es wird nun wohl nicht nöthig ſeyn, daß ich,
um völlig verſtanden zu werden, die Anwendung
meines Urtheils durch die übrigen angezeigten
Punkte durchführe. Noch einmal; nicht alles
aufgeben, wo wir nicht alles behaupten können;
ſonſt behalten wir — gar nichts, oder nicht viel
mehr, — für die Zwecke der Philoſophie.

Iſt doch auch das Unrecht des Nachdrucks, wel=
ches der Verf. anerkennt, bisher hauptſächlich
und am ſcheinbarſten darum geleugnet worden,
                                                weil

weil man auch dabey die Grenze zwiſchen Recht
und Unrecht nicht mit mathematiſchen Linien bezeichnen kann; und die Anwendung Schwierigkeiten verurſacht.

Nun noch einige Anmerkungen zu beſondern
Stellen.

Die Behauptungen S. 7, daß der Menſch
nirgends im Naturſtande d. h. (§. 9.) außer der
bürgerlichen Geſellſchaft lebe, daß man alſo für
dieſen Naturſtand keine Rechte könne lehren
wollen, daß dieſer Naturſtand eine bloße Hypo-
theſe; daß das N. R. alſo eigentlich zu keinem
Zwecke brauchbar, als um über die Rechte der
Menſchen im Staate zu urtheilen — ſcheinen mir
doch einige Einſchränkungen nöthig zu haben.
Bey Seite geſetzt, daß es Familien von Wilden
giebt, die noch keinen Staat ausmachen, für die
wir denn aber auch freylich unſer M. R. eben
nicht bearbeiten: ſo a) können doch Menſchen, die
in Staaten leben, auf mehr als eine Weiſe in
Verhältniſſe kommen, wo ſie einander nach
bloßem Naturrechte zu behandeln haben; b) ſtehen nicht alle Menſchen mit allen, ſondern immer
nur mit einigen, und beſonders die Völker unter
einander nicht, im bürgerlichen Verhältniſſe: dieß
weiß der Verf. ohne mich alles ſehr wohl, und
begehrt es nicht zu leugnen. Aber ob denn alſo
jene Sätze nicht ein wenig zu unbeſtimmt ausge-
drückt ſind?

Wenn es §. 95. heißt „Ich kann Zwang
ausüben gegen jeden, der das mir genom-
mene Gut beſitzt: ſo bleibt man ungewiß, ob dieß
auch auf jeden dritten, der mein Gut ehrlicher
Weiſe beſitzt, anzuwenden ſeyn ſoll? Es wird zwar
von vielen im N. R. behauptet. Aber ich weiß
keinen hinreichenden Grund dazu, und fände
den,

, wenn es des Verf. Meynung seyn sollte,
) hier nicht.

Die Lehre des N. R. vom Zuwachs scheint
auch, durch die Theorie des Verf. von den
inden des Eigenthums der äußern Güter und
Besitznehmung, etwas verloren zu haben. Er
änkt nemlich den Begriff vom Zuwachse auf
enigen Fälle ein, wo, was den Zuwachs aus=
ht (accessorium) gleich bey seiner Entste=
ig zum Eigenthum dessen zu rechnen ist, dem
Zuwachs seyn soll. Bey allem, was vorher
n da war, und nachher erst mit der Haupt=
e verbunden wurde, habe Besitznehmung statt,
leich der Staat dieß anders bestimmen könne —
o, was nach einer Ueberschwemmung auf mei=
i Grund und Boden liegen bliebe, so daß man
betreten müßte, um es wegzunehmen, wenn
niemanden vorher erweislich zugehört hätte,
re noch frey stehend?

Daß der Verf. das Recht des unschädlichen
brauchs annimmt; ist seinen Grundbegriffen
) Grundsätzen allerdings gemäß; indem er
Rechte eines jeden auf seine eigenen innern
ichten gründet, und durch diese einschränkt.
)ere, die sich das N. R. als ein äußerliches
angsrecht denken, und daher eines jeden
cht so weit sich erstrecken lassen, als es nicht
ch Zwangsrechte eines andern eingeschränkt
d, alle weitergehende Einschränkungen aber
Moral überlassen, können in ihrem N. R.
i Recht zum unschädlichen Gebrauch, d. h. kein
: Gewalt zu behauptendes Recht dazu, anneh=
n. In der Anwendung würde aber wohl we=
Unterschied sich zeigen. Denn da der Verf.
chädlichen Gebrauch denjenigen nennt, der den
jenthümer nicht einschränkt, die Beurtheilung
aber,

aber, ob er ihn einschränke, seinen allgemeinsten
Grundsätzen gemäß, ihm selbst überlassen muß:
so kömmt der Eigenthümer in keine Gefahr. Im
Völkerrechte (§. 462.) rechnet er auch zu den
Rechten des unschädlichen Gebrauches das An-
bauen wüster Stellen im fremden Territorium.
Setzt aber auch in der Note gleich wieder hinzu,
daß dieß doch verwehrt oder eingeschränkt werden
könne, wenn oder in wiefern das andere Volk es
für schädlich oder gefährlich hält.

Der Beweis des Verf. für die Verbindlichkeit der
Verträge lautet §. 223. also: „Der Versprechende
entsagt seinem Rechte an der Sache, worüber der
Vertrag geschlossen werden soll, und rechnet sie also
nicht mehr zu seiner Vollkommenheit. Der Pro-
missar mindert keines andern Vollkommenheit und
mehrt die Seinige, wenn er jene Sache nun unter seine Güter aufnimmt. Also hat der letzte
ein Recht, ein ihm versprochenes Gut zu seiner
Vollkommenheit zu rechnen.„ Aber dieser Beweis
scheint mir, wie das bekannte, und hiebey oft
gebrauchte, Volenti non fit iniuria, so wie er
hier steht, und ohne weitere Unterstützung, keine
Kraft zu haben für diejenigen Fälle, für welche
gerade ein Beweis verlangt wird; nemlich wenn
der Versprechende vor der Erfüllung anderes
Sinnes geworden ist. Außer der Beziehung aufs
gemeine Beste, auf die der Verf. aber auch die
Verbindlichkeit der Verträge nicht gründen kann,
da er überall nicht auf des andern Pflicht die
Rechte gründet, also auch nicht auf die Pflicht
des Versprechenden das Recht des Promissars —
finde ich noch immer keinen andern Beweisgrund
für die natürliche Verbindlichkeit der Verträge,
als das Unrecht, durch leere Versprechungen und
gemachte Erwartungen jemanden zu täuschen und
vergeb-

zeblich zu bemühen; und also, wenn nicht
erlichen Schaden und Schande, doch Verdruß
zu verurfachen. Vielleicht wird es bey ge=
erer Untersuchung solcher einzelner Lehrstücke
erkllich, daß das N. R. auf Grundsätzen der
nunft beruhe, die dem einen Rechte geben,
em sie dem andern Pflichten vorschreiben.
S. 138. „Ungleiche Gesellschaften sind solche,
velchen nicht alle Mitglieder gleiche Rechte ha=
Wenn diese Rechte sehr verschieden sind:
eißen diejenigen in der Gesellschaft, welche
r Rechte haben, Oberherrn, die andern Un=
)anen. „ In der Note 2 ist zwar beygefügt:
rherrschaft im engern Sinn ist ein Recht, die
dlungen anderer nach Willkühr zu bestimmen.
: ist nicht der erste Begriff weiter oder un=
mmter, als ihn je der Sprachgebrauch ange=
men hat? Ich weiß wohl, daß es auch hier
er hält, mit wenigen Worten die vielen Ver=
denheiten der Dinge genau zu unterscheiden.
: das Recht Gesetze zu geben (nicht just nach
lkühr in der unbestimmten Bedeutung diese$
)rucks) ausschließlich bey einem Theile der Ge=
)aft, ist doch bisher immer für den wesentli=
Charakter einer ungleichen Gesellschaft gehal=
vorden; andere, dieß nicht enthaltende Rechte
Vorzüge sind noch nicht Zeichen von Ober=
n; sondern bezeichnen nur Directoren, pri=
inter pares etc.
Die elterliche Gewalt gründet der Verf. ganz
ı auf die Pflicht der Erziehung; und was
Verhältniß dieser Gewalt zu den angebohrnen
ten der Kinder anbelangt, sehr wohl. Aber
rn diese Gewalt auch Rechte gegen andere in
aßt, scheint es mir doch auch Grund zu haben
er Abstammung. Vermöge dieses Grundes
ilof. Bibl. IV. B.   M   können

können Vater und Mutter einem Dritten, der
des Kindes ſich bemächtigte, ehe noch jene es in
ihre Gewalt gebracht und die Erziehung angefangen haben, mit Recht ſagen: gieb her, es iſt
mein Kind. Beym Verf. S. 154 ſind die Gründe
des ausſchließlichen Rechtes der Eltern nur, theils,
weil ſonſt die Erhaltung der Vollkommenheit des
Kindes in Gefahr kommen könnte, theils weil mir
Niemand Handlungen wehren darf, die Niemand
ſchaden. Mich dünkt, wer die Sache unbefangen
überlegt, muß inne werden, daß dieſe Gründe es
nicht alleine ſind, daß jener Grund der Abſtam-
mung, hier in dieſer Beziehung, auch natürliche
Rechtskraft hat.

Wer Handlungen nach der Vorſchrift eines
andern (zumal zum Beſten des andern) thun
muß, heißt (S. 158) ein Knecht, und wenn alle
oder ſehr viele ſeiner Handlungen dem Willen
eines andern unterworfen ſind, ein Sklav.„
Sind dieſe Begriffe nicht zu weit? Doch wer vermag hier auch den Sprachgebrauch unter genau
beſtimmte Begriffe zu bringen? Knechtſchaft aller
Art könne nur durch einen Vertrag gegründet
werden; nicht durch Angriff, Krieg, Schuld.
S. 159. — Freylich wenn es fein natürliches
Zwangsrecht zur Schadenerſetzung und zur Strafe
giebt.

In der Geſchichte des Staatsrechtes ſcheint
mir Hobbes doch zu ſehr erhoben zu ſeyn; wenn
er nicht nur als Schöpfer deſſelben angeſehen,
ſondern getadelt wird, daß ſeine Nachfolger nicht
auf ſeiner Bahn blieben, falſch verſtandene Or-
thodoxie und niedrige Schmeicheley ſich irre führen ließen. Ich verkenne nicht im Hobbeſiſchen
Syſteme das große Verdienſt, daß es aus der
menſchlichen Natur deducirt iſt. Wie viel einſei-
tiges

tiges und grundfalſches enthält es aber nicht
doch, was ſeine Nachfolger vermeiden mußten?
Und zwiſchen Hobbes und Rouſſeau hätte Locke
auch wohl eine Stelle verdient.

Den Grundſatz, daß Völker auch Verträge
mit dem Feind halten müſſen, und daß der Feind
ein Zwangsrecht dazu habe; beweiſet der Verf.
S. 238 damit, daß die Ungerechtigkeit eines
Menſchen weder ihn, noch andere, von irgend
einer Pflicht entbinden könne. Aber erſtlich
ſcheint dieß letzte zu allgemein geſagt. Bey allen
Ungerechtigkeiten anderer gegen uns blieben alle
unſere Pflichten gegen ſie dieſelben? Ja, Pflich=
ten bleiben immer gegen Feinde; und die allge=
meinſten Grundſätze des Rechtverhaltens bleiben
überall dieſelben: Aber gegen Feinde haben wir
doch nicht dieſelben Pflichten wie gegen Freunde,
gegen Schuldige nicht wie gegen Unſchuldige.
Gewalt und Liſt können erlaubt ſeyn gegen jene,
wie nicht gegen dieſe. Freylich ſetzt der Verf.
hinzu, daß es eine Ausnahme mache hier, wie
überhaupt bey der Verbindlichkeit der Verträge,
wenn die Pflicht aus dem Vertrage mit höhern
Pflichten in Widerſtreit komme. Meine Einwen=
dung geht aber auch nicht wider die Sache ſelbſt,
ſondern nur wider die Beweisart. Und dieſe
ſcheint mir ferner auch nicht ganz im Geiſte des
Syſtems zu ſeyn; in ſo fern nemlich als es ſcheint,
der Verf. gründe hier doch das Zwangsrecht des
einen Theiles auf die Pflicht des andern. Der
Begriff vom Verdienſt, erklärt durch den Ent=
ſchluß der Verbindlichkeit Genüge zu leiſten, (§.
600) möchte wohl auch zu weit ſeyn.

Dieſes ſind, nebſt dem, was ich in den G. A.
zu erkennen gegeben habe, die vornehmſten Be=
denklichkeiten und Zweifel die bey dieſem Lehr=

buche mir entſtanden. Daß ich daneben recht vieles fand, was meinen vorzüglichen Beyfall erhielt,
beſonders in den allgemeinen Vorbereitungsleh-
ren, und in denen, die die Religionsrechte betreffen, brauche ich, bey den ſchon ſo vortheilhaft bekannten Einſichten des Verf. wohl nicht weiter zu
verſichern.

Critik der Urtheilskraft von Immanuel Kant. Berlin und Lübau, bey Lagarde und Friedrich 1790. 476 S.

Dieß Buch iſt, nicht bloß wie alle Schriften
des Verf. reich an viel befaſſenden, und vielerley
berührenden Ideen; ſondern es iſt es in einem
vorzüglichen Grade; indem es mit Hauptpunkten
der Aeſthetik, der Moral und der Metaphyſik zu
thun hat. Da ich nicht gern öffentlich außer
meinem Fach erſcheine; zumal gegen einen ſolchen
Mann: ſo überlaſſe ich die genauere Prüfung
deſſen, was die Theorie der ſchönen Künſte betrifft, andern.

Von dem, was in mein Studium eingreift,
und mit meinen Ueberzeugungen oder Vorſtel-
lungsarten nicht völlig übereinſtimmt, iſt das
Meiſte ſchon bey ſo manchen andern Gelegenheiten
Gegenſtand meiner weitern Unterſuchung, auch in
dieſer Bibliothek, geweſen; daß ich es dießmal
unberühret laſſen kann. Faſt alles nemlich, was
auch hier der Verf. als ganz a priori, und bloß
ſubjectiv gegründet, angiebt, ſcheint mir nur zum
Theil ſo, und zum Theil objectiv gegründet. Eine
kurze Darſtellung des ganzen Inhaltes habe ich
in

en G. A. zu geben versucht. Ich werde mich
also auf wenige Punkte einschränken, die mir
ze weitere Aufklärung nöthig zu haben scheinen.
Erstlich glaube ich doch etwas zur Vertheidi-
g des bisher üblich gewesenen Gebrauchs
Wörter, Angenehm, Lust, Genuß oder
rießen sagen zu müssen; über die der Verf.
) hier wieder eine gar scharfe Kritik ergehen
. Nicht, als ob ich den Gebrauch der letzten
sdrücke überall, wie er itzt häufig vorkömmt,
igte; nicht, als ob ich es bezweifelte, daß in
ziehung auf gewisse Gegenstände und dabey
stehende Gemüthsbewegungen der Ausdruck
ohlgefallen schicklicher sey, als der von Lust.
ndern darum, weil ich keine Nothwendigkeit
he, den Begriff vom Angenehmen gerade
wie es der Verf. thut, einzuschränken; und
ptsächlich deswegen, weil er mit dieser seiner
lärung des Angenehmen Sätze verbindet, die
unbilligen Urtheilen über andere, die diesem
sdruck keinen solchen Begriff unterlegen, ver-
en könnten; und die selbst aus dem Begriff
Verf. mir nicht alle zu folgen scheinen.
Nachdem er nemlich S. 7, erklärt hat, Ange-
m sey das, was den Sinnen in der Empfin-
ng gefällt; so folgert er, daß das Angenehme,
s die Wirkung aufs Gefühl der Lust betrifft,
mer einerley sey; daß daher, wenn das Ange-
hme die allgemeine Triebfeder und das Ziel aller
ndlungen wäre, die Menschen wohl einan-
r der Thorheit und des Unverstandes, wegen
rkehrter Wahl der Mittel, beschuldigen könn-
n; niemals aber der Niederträchtigkeit und
osheit; weil sie doch alle, ein jeder nach seiner
rt die Sachen zu sehen, nach einem Ziel laufen,
as für jedermann das Vergnügen ist. So daß,

R 3   wofern

wofern es nur auf den Genuß angelegt wäre, thöricht seyn würde, scrupulös in Ansehung der Mittel zu seyn, die ihn uns verschaffen. S. 12.

S. 112 wird es wiederholt, daß das Angenehme, als Triebfeder der Begierde, durchgehends von einerley Art sey, woher es auch kommen, und wie specifisch verschieden auch die Vorstellung des Sinnes und der Empfindung objectiv betrachtet seyn mag; es komme daher bey der Beurtheilung desselben nur auf Quantität an. Und an drey verschiedenen Stellen (S. 128. 219. 225) wird dem Epikur eingeräumt, daß alles Vergnügen zuletzt, oder im Grunde, körperlich sey. Aber

1) Wenn nun andere den Worten Angenehm, Vergnügen, Genuß, eine weitere Bedeutung gegeben hätten; und das Gemeinschaftliche aller Arten von Wohlgefallen, aller Empfindungen, oder Gemüthsbewegungen, die beym Schönen, Erhabenen, Vernunftmäßigen, Sittlichguten, und dem, was der Verf. angenehm nennt, darunter verstünden; so möchte denn auch immerhin Tadel sie treffen können, darum daß sie jene Worte so vieles bedeuten lassen; der gemeinschaftliche Name wäre doch hier, so wenig als in den unzähligen andern Fällen, wo sehr verschiedene Dinge unter einem Hauptbegriff und gemeinschaftlichen Namen zusammengefaßt werden, ein nothwendiger Grund, weswegen man nicht die in den Objecten selbst vorhandenen Unterschiede bemerken könnten. Wo die Namen, etwa vermöge ihrer Zusammensetzung, so beschaffen sind, daß sie einigen der verschiedenen Dinge, die man darunter zusammen faßen wollte, zu wieder laufende Vorstellungen leicht erwecken könnten; wie wenn man unter der Benennung Selbstliebe,
Mitge=

ltgefühl, Theilnehmung, Wohlwollen mit be=
zeifen wollte; da ist es dringend nöthig, die
:schiedenen Objecte mit verschiedenen Namen
bezeichnen. Von solch einer Beschaffenheit
d aber die hier in Untersuchung gebrachten Aus=
ücke nicht. Auch ist es nicht schwer, sich zu
erzeugen, daß bey der bisher gewöhnlich gewe=
ien, viel umfassenden Bedeutung jener Worte,
:enschen von einiger Cultur die großen Unter=
iiede zwischen Angenehmen und Angenehmen,
st und Lust, wohl zu schätzen wußten; wenn sie
eich nicht immer verschiedene Namen dabey ge=
auchten. Es ist mir angenehm gewesen, ihnen
ese Gefälligkeit erweisen zu können, angenehm
: hören, daß dieser wackere Mann sein Glück
:macht hat, daß diese Leute wieder ausgesöhnt
id, dulce et decorum est pro patria mori,
id gewöhnliche und gemein verständliche Re=
ensarten. Wer versteht es nicht leicht, daß hier
on einer sehr viel andern Art des Angenehmen
nd des Vergnügens die Rede sey, als wenn
ian von angenehmen Geschmäcken, Gerüchen
nd körperlichen Gefühlen spricht?

2) Daß keine innere Verschiedenheiten der
Qualität beym Angenehmen Statt fänden; oder
oenigstens keine solche, die noch Unterschiede zwi=
chen Charakteren und Handlungen übrig ließen,
iie mit den Namen edel oder niederträchtig, gü=
ig oder boshaft ꝛc. zu bezeichnen wären, wenn
iuch überall das Angenehme Ziel oder Triebfeder
des Willens wäre; scheint mir selbst aus der De=
finition des Verf. nicht zu folgen; sondern noch
besonders erst hineingetragen werden zu müssen.
Was den Sinnen in der Empfindung, d. h. nach
dem Verf. in subjectiver Beziehung, gefällt;
kann sich ja doch, auch bey dieser Beziehung,

M 4   zu

zu den höchſten Zwecken der Vernunft, zu den
Begriffen von Vollkommenheit und vom ganz
Guten, wie man dieſe Begriffe auch ausdrucken
oder beſchreiben mag, verſchieden verhalten.
Wenn ein Menſch frey heraus ſagte, daß er ſein
größtes Vergnügen im Bewußtſeyn, nach Vermögen zum allgemeinen Wohlſeyn mitzuwirken
finde, daß es ihm angenehmer ſey, daß der
Würdigere und Geſchicktere als er, eine Stelle,
die er wohl auch gern gehabt hätte, erlangt habe,
als wenn, mit Zurückſetzung dieſes andern, ſie
ihm wäre zu Theil worden: ſo denke ich, niemand, der nicht ſchon Idee eines beſondern Syſtems mitbringt, wenn er an der Aufrichtigkeit
dieſer Erklärungen nicht zweifelt, wird Bedenken
tragen, es ſchön, edel, vielleicht großmüthig
und erhaben zu nennen, daß dieſer Menſch ſolche
angenehme Empfindungen, ſolche Freuden vorzüglich ſchätzt; wird keine Mühe haben, dieſe
Freuden des Menſchenfreundes von der boshaften
Freude des Neidiſchen und Schadenfrohen zu unterſcheiden; und den großen Abſtand des Ziels
des einen und des andern wahrzunehmen, wenn
jener ſein Vergnügen in der Erfüllung ſeiner
Pflicht und im Wohlthun, dieſer im Unglück anderer, und in der Beförderung deſſelben durch
Verläumdung und Läſterung ſucht; wird jenen
auch nicht in eine Claſſe ſetzen mit demjenigen, der
kein anderes Vergnügen, keine andern Luſtgefühle
kennt, als die er mit den vernunftloſen Thieren
gemein hat; oder dieſe am höchſten ſchätzt; die ſo
ſehr in Gefahr ſetzen, immer mehr zu den Thieren herabzuſinken, erhabenen, viel umfaſſenden
Geſinnungen, den Trieben des Wohlwollens, ja
ſelbſt den Geſinnungen der Gerechtigkeit und Billigkeit ſo leicht im Wege ſtehn.

3)

3) Daß es bey den angenehmen Empfindun-
en und Vergnügen keine andere innere Verschie-
enheit gebe, als die der Quantität; keine Verschiedenheiten der Qualität; kann ich überhaupt
unmöglich eingestehen; weil es meinem besten
Bewußtseyn entgegen ist. Ich weiß auch, was
Körpergefühle sind und Stärke derselben. Aber
den so gut weiß ich, daß ich für die lebhaftesten
dieser Körpergefühle, gewisse weit minder lebhafte Geistesfreuden nimmermehr weggeben
möchte; und wenn ich auch noch so sehr von der
gleichen Dauer, und überhaupt der gleichen (ex-
tensiven, intensiven und protensiven) Quantität
derselben versichert seyn könnte. Wenn andere
es in sich nicht eben so finden: so kann ich nicht
helfen. Daß ich nicht der einzige bin, der so ge-
sinnt ist; weiß ich doch auch. Ja nicht einmal in
Ansehung der Empfindungen der äußern Sinne
kann ich mich davon überzeugen, daß das Angenehme, was dabey vorkommt, im Gefühl nur
immer der Quantität, nicht der Qualität nach
verschieden sey. Und möchte also auch hier wohl
der gemeine Sprachgebrauch nicht so ganz irrig
seyn, der den Dingen eben in Beziehung auf die
Verschiedenheit der angenehmen Empfindungen,
die sie verursachen, Qualitäten zuschreibt. Ja
wenn man auch die Frage auf Begriffe zurück-
führt, und darnach entscheidet: so scheint es mir
nicht zweifelhaft zu seyn, daß wo die Gründe der
Art oder den Qualitäten nach so verschieden sind,
wie die subjectiven und objectiven Gründen der
mancherley Arten angenehmer und unangenehmer
Empfindungen, es wohl auch die Wirkungen
seyn müssen.

4) Und in allem zusammengenommen sehe ich
noch keinen Grund, daß Epikur recht gehabt hätte,

M 5   alles

alles Vergnügen, wie alle Schmerzgefühle, mit
einander dem Körper zuzueignen, oder lediglich
davon abzuleiten. Ein anderes iſt, daß nach dem
Geſetze des Zuſammenhangs zwiſchen Seel und
Leib der Körper Antheil nimmt an den Zuſtänden
des Geiſtes; daß durch Veränderungen im Körper, Afficirungen deſſelben, zuerſt erweckt werden die Thätigkeiten des Geiſtes, und immerfort
dadurch Gegenſtände erhalten; daß endlich, eben
dieſer Verhältniſſe wegen, auch die auf die weſentlichſten Eigenſchaften und Triebe des Geiſtes
ſich gründenden Vergnügungen oder Arten des
Wohlgefallens im Menſchen vielleicht nie rein
geiſtig vorkommen, ſondern mit körperlichen
Reizen und Gefühlen immer, mehr oder weniger
in Verbindung treten *). Ein anderes, daß im
Grunde, oder am Ende, oder zuletzt alles Vergnügen und aller Schmerz körperlich, und ſo mit
von einer Art ſey. Was der Verf. unter dem
Namen Wohlgefallen behaupten darf, das können ja andere, die dieß Wohlgefallen Vergnügen
nennen, eben auch behaupten. Denn an einer
Stelle ſchränkt der Verf. das vorige Urtheil ſelbſt
etwas ein; indem er da nicht nur ſagt, daß Epikur vielleicht nicht Unrecht haben möge (S. 219)
ſondern auch hinzuſetzt, daß derſelbe ſich nur ſelbſt
mißverſtanden habe, wenn er das intellectuelle
und ſelbſt practiſche Wohlgefallen zu den Vergnügen zählte. Allein außerdem, daß auf dieſe
Weiſe der Streit alſo nur den Namen beträfe:
ſo ſcheint mir doch dem Epikur dabey noch immer
zu viel eingeräumt zu ſeyn. Wenigſtens werden
nicht alle ihm hierinne beypflichten, die dem Begriff

---

*) Und es iſt ungewiß, ob Epikur mehr als dieß
behauptet hat.

griff vom Vergnügen einen so großen Umfang, als
er gethan hat, einräumen.

5) Man mag den engern oder weitern Begriff
vom Vergnügen annehmen, mag das Wohlge‑
fallen, welches der Verf. unterscheidet, immer‑
hin mit darunter begreifen: so bleibt die Erklä‑
rung der Phänomene, die der Verf. auf diese Un‑
terscheidung gründet, gleich leicht, und immer die‑
selben. Nemlich; (S. 220) wie ein Vergnügen,
dem, der es empfindet, selbst mißfallen könne,
oder oben ein noch gefallen könne; wie selbst ein
tiefer Schmerz dem, der ihn leidet, noch gefallen
könne? Selbst dem Epikur würde die Erklärung
hievon keine Mühe machen *). Er würde hier
immer feinere und gröbere, vorhergehende und
nachfolgende, auf diesen oder jenen Theil des
Ganzen, dieses oder jenes Verhältniß sich grün‑
dende Gemüthsbewegungen unterscheiden können.
Wie denn nun diejenigen, die Leib und Seele
mehr, als Epikur, von einander unterscheiden;
eigne Kräfte, Gesetze und Bestrebungen, folglich
auch Grund zu eigenen Arten von Befriedigung
und Wonnegefühlen in der Seele annehmen?
Mich dünkt, es sey gar kein besonderes System
nöthig, zu begreifen, wie man sich freuen könne
über die Fähigkeit zu gewissen Freuden, oder
Schmerzgefühlen, oder darüber sich betrüben
könne.

Sollte ich denn nun hier wieder bloß mißver‑
standen haben? Ich habe die Sätze des Verf.
mit Genauigkeit ausgehoben, und mir überhaupt
Mühe gegeben, Mißverständnisse zu vermeiden.
Ich will noch hinzusetzen, daß der Verf. an meh‑
rern

*) Es ist selbst aus dem Cicero 1. B. Fin. 1. 10.
leicht zu ersehen, wie er sich hierüber erklärte.

vern Orten, von dem, was er nicht zu den angenehmen Empfindungen gerechnet wiſſen will,
den Ausdruck, Gefühl der Luſt gebraucht, z. E.
vom Schönen und Erhabenen S. 73.   Aber um
ſo weniger begreife ich denn die Wichtigkeit der
Unterſcheidungen zwiſchen dieſen mehrern Redens-
arten, die er an andern Orten macht, und die
Folgerungen, die er daraus zieht.

Die Abſicht dieſer ganzen kleinen Diſpute habe
ich auch gleich anfangs angezeigt.   Dergleichen
Kantiſche Wortkritiken — denen ich weit entfernt
bin allen Werth abzuſprechen — ſind gar vielfältig ſchon ungleich wichtiger gemacht worden, als
verſchiedene Grenzbeſtimmungen der Bedeutung
eines Wortes doch nimmermehr ſeyn können.
Als ob ſchlechterdings davon abhängig wäre die
Reinigkeit und Richtigkeit eines Moralſyſtems!
Ich habe ſchon geſagt, daß ich nicht alle die Re-
densarten, die hier getadelt werden, überall gut
finde, und gern zu den meinigen machen möchte.
Es hat insbeſondere der Ausdruck Genuß, durch
zeither üblich gewordene Anwendungen, ſolche
Nebenideen erhalten, daß ich bey edlen Gegenſtänden ihn nicht mehr recht ſchicklich finde.   Ich
verſtehe alſo leicht, in welchem Sinn der Satz
wahr iſt, und unterſchreibe ihn ſo gern, daß eines Menſchen Exiſtenz keinen Werth habe, der
nur bloß lebt, und in dieſer Abſicht noch ſo ge-
ſchäftig iſt, nur zu genießen (S. 13).   Ich weiß
es, wie es jeder — ich will nicht ſagen, Moraliſt,
ſondern moraliſch ausgebildete Menſch — wiſſen
muß, daß ſittlich gute Handlungen bloß durch
die Hinſicht aufs ſittliche Geſetz beſtimmt werden,
und die Erfüllung deſſelben zum Ziel haben müſſen.
Aber in der Verbindlichkeit zum Genießen finde
ich darum doch nicht überhaupt und überall die

offen-

offenbare Ungereimtheit, die der Verf. hiebey
ansetzt. Es giebt allzusehr in sich versunkene,
durch übermäßige Anstrengung ihrer Kräfte zu
vielem andern Guten unfähig und ungeschickt gewordene Menschen, denen man, zu ihrer Wieder-
herstellung, es zur Pflicht machen darf, die Freuden
des Frühlings und anderer Reitze der Natur in
Ruhe zu genießen. Und nachdem ich alles, was,
der Verf. über diese Worte und Begriffe, alle zusammengenommen, geurtheilt hat, oft gelesen
und überdacht habe, finde ich es doch immer noch
nicht im mindesten anstößig oder bedenklich, zu
sagen, daß die Vernunft mit dem Menschen ihr
höchstes Ziel erreicht haben würde, wenn sie
es dahin gebracht hätte, daß er seine größte
Lust, sein größtes Vergnügen, in der Erkenntniß und Befolgung der Wahrheit, in der
möglichsten Erfüllung ihrer Gebote, seiner
Pflichten, fände. Sein Daseyn würde alsdenn
den höchsten innern und äußern Werth haben,
den ihm die Vernunft zuerkennen kann.

In der Lehre des Verf. vom Schönen und
Erhabenen und den dabey entstehenden Gemüthsbewegungen hat das allermeiste und hauptsäch-
lichste meinen vollkommenen Beyfall; und manche
seiner Bemerkungen sind lehrreich und aufklärend
für mich gewesen. So finde ich insbesondere auch
vortrefflich, was zur Aufklärung des Unterschie-
des zwischen Schönheit und Vollkommenheit,
und der Wahrnehmung der einen und der andern
gesagt wird; ob gleich es seyn könnte, daß diejenigen, welche die Schönheit für sinnlich vorge-
stellte Vollkommenheit erklären, zum Theil
nicht weit von jenem andern Lehrbegriffe abwichen, indem sie nemlich theils eben durch das
sinnliche der Vorstellung die subjective Verschiedenheit,

denheit: des Geſchmacksurtheiles vom Urtheil
über Vollkommenheit, zu bezeichnen glaubten;
theils einen minder beſtimmten Begriff von Vollkommenheit zum Grunde legten; nemlich den der
Uebereinſtimmung des Manchfaltigen in einem
Dinge, überhaupt, (conſenſus variorum in vno)
ohne Vorausſetzung eines beſondern objectiven
Zweckes.

Die Haupterklärung des Gefühls des Erhabenen S. 96. dürfte wohl für mehrere ein wenig
dunkel ſeyn. „Das Gefühl des Erhabenen iſt
alſo ein Gefühl der Unluſt, aus der Unangemeſſenheit der Einbildungskraft in der äſthetiſchen
Gröſſenſchätzung, für die durch die Vernunft
(für die durch die Vernunft auferlegte, geſor-
derte Schätzung?) und eine dabey zugleich erweckte
Luſt, aus der Uebereinſtimmung eben dieſes Urtheils der Unangemeſſenheit des gröſten ſinnlichen
Vermögens zu Vernunftideen, ſo fern die Beſtre-
bung zu denſelben doch für uns Geſetz iſt.„ Das
Nachfolgende klärt den Sinn dieſer zuſammenge-
drängten Stelle ſchon mehr auf. Aber, was die
Sache ſelbſt anbelangt, ſollte das unangenehme
Gefühl, was beym Erhabenen in uns entſteht,
bloß vom Unvermögen der Einbildungskraft herkommen; nicht auch bisweilen vom Gefühl des
Unvermögens unſeres Verſtandes, dieß alles einzuſehen und zu begreifen; oder auch unſerer
moraliſchen Unvollkommenheiten, die in der
Zuſammenhaltung und Vergleichung mit dem
Erhabenen mehr als ſonſt uns bemerklich werden?
Und das angenehme Gefühl, oder, beym Ausdruck des Verf. zu bleiben, das Gefühl der Luſt
bloß allein darinne ſeinen Grund haben, daß es
unſern höhern Geiſteskräften angemeſſen iſt, je
den Maasſtab der Sinnlichkeit zu gering für jene

zu

finden? Nicht auch darinne, daß das Große
und Erhabene der Gegenstände, so weit als wir
wirklich empfinden oder uns vorstellen kön=
nen, unser Selbstgefühl vergrößert, erweitert,
uns hebt; viele Beschäfftigung den Vorstellungs=
kräften und dem Verstande giebt, und selbst mit=
telst der anfangs zu stark erschütternden Eindrücke,
bey deren allmäligen Nachlassung, nachfolgende
angenehme Gefühle erweckt? Ich leugne gar
nicht, daß der tiefer liegende Grund des Verf.
auch bey denjenigen Menschen wirken könne, die
mit ihren Begriffen oder mit deutlichem Bewußt=
seyn so tief nicht eindringen, wenn sie vom Großen
und Erhabenen afficirt werden. Aber doch wer=
den durch jene andere Gründe die gemeinen Ge=
fühle vom Erhabenen noch erklärbarer.

Den Begriff vom Genie schränkt der Verf.
mehr als gewöhnlich ein; so daß er nur auf den
Künstler, nicht auf den Denker anwendbar seyn
soll. Genie, heißt es S. 178. ist das Talent,
welches der Kunst die Regel giebt. Bey der wei=
tern Entwicklung dieses Begriffes wird, als Kenn=
zeichen des Genies, hauptsächlich der Umstand ins
Licht gesetzt, daß Genie ein Talent sey, dasjenige
hervorzubringen, wozu sich keine bestimmte Re=
gel geben läßt, nicht Geschicklichkeitsanlage zu
dem, was nach irgend einer Regel gelernt wer=
den kann; daß daher das Genie, wie es sein
Product zu Stande bringe, selbst nicht wissen=
schaftlich anzeigen; also auch andere nicht durch
Regeln in den Stand setzen könne, gleichmäßige
Producte hervorzubringen S. 180. Und hieraus
wird gefolgert, daß dem größten Selbstdenker;
daß einem Newton, der Name des Genies nicht
eigentlich zukomme; weil, was sein Selbstdenken
hervorgebracht, auch hätte können gelernt wer=
den.

den. „So kann man alles — heißt es S. 181 —
was Newton in seinem unsterblichen Werke der
Principien der Naturphilosophie (gelehrt hat, ist
hier ausgelassen, aber leicht hinzuzudenken) so ein
großer Kopf auch erforderlich war, dergleichen zu
erfinden, gar wohl lernen; aber man kann nicht
geistreich dichten lernen, so ausführlich auch alle
Vorschriften für die Dichtkunst, und so vortrefflich
auch die Muster derselben seyn mögen.„ Im
Wissenschaftlichen also ist der größte Erfinder vom
mühseligsten Nachahmer und Lehrlinge nur dem
Grade nach, dagegen von dem, den die Natur
für die schöne Kunst begabt hat, specifisch unterschieden S. 182.

Bey Seite gesetzt die Frage, ob dieser Begriff
vom Genie dem bisherigen Gebrauch des Wortes
gemäß sey; als worauf hier nicht viel ankommen
würde, da unser Verf. sich wohl eher erlaubte
und erlauben durfte, dem Sprachgebrauche andere Grenzen zu bestimmen: so vermisse ich etwas
bey der Anwendung des angenommenen Merk-
mals des Genies, daß sich sein Werk; das, was
es hervorbringt, nicht auch lernen lassen
Wenn man hiebey unterscheidet das Hervorbringen und das Product: so scheint mir der Unterschied zwischen dem wissenschaftlichen Erfinder
oder großen Selbstdenker und dem Künstlergenie
nicht mehr so beschaffen und so groß zu seyn, als
ihn der Verf. hier vorstellig macht; nicht so beschaffen noch so groß, als überall der Unterschied
zwischen jenen beyden und den gemeinen Köpfen
ist. Es läßt sich nemlich das wissenschaftliche
Product wohl lehren und lernen; so wie sich auch
Gedichte und deren Beurtheilung lernen lassen.
Aber läßt sich das wissenschaftliche Erfinden und
Selbstdenken, wie sichs bey außerordentlichen

Köpfen

pfen zeigt, wohl lehren und lernen? Einiger=
maßen läßt sich dieß Erfinden lehren und lernen;
er auch das Dichten einigermaßen. Und Aus=
dung nach Regeln und Mustern war doch im=
er auch dem größten Künstler= und Dichtergenie
ch nöthig oder viel werth. Das wissenschaft=
he Genie unterscheidet sich gewiß auch vom ge=
inen Kopfe beym Unterricht, den es empfängt,
d bey seiner Ausbildung nach guten Mustern,
cht weniger, als Lehrlinge der schönen Künste
ch der Verschiedenheit ihrer Geisteskräfte sich
iterscheiden. Der Unterschied, daß das Genie
cht nachmacht, sondern nachahmt (S. 183.)
igt sich gewiß auch im wissenschaftlichen Fache.
er Denker von Genie wird durch den Unterricht
cht bloß fremde Vorstellungen bekommen, ein=
hen, sich zu eigen machen und anwenden ler=
en; sondern eigene Ideen werden ihm dabey zu=
ströhmen. Angehaucht — wenn ich mich so aus=
rucken darf — oder geweckt vom Geist seines
ehrers, wird er bald sein eigenes Werk treiben,
ine eigenen Wege gehn. — Das Wesen des Ge=
ies scheint mir also überall in einer schöpferischen
n ausnehmenden Grade selbstthätigen Einbil=
ungskraft, verbunden mit einer proportionirt=
arken Beurtheilungskraft, zu bestehen. Und die
Interschiede, die sich auf die Arten von Vorstel=
ungen und Verbindungen derselben beziehen,
elche mehr sinnlich oder intellectuell seyn können,
nöchten vielleicht nicht so sehr auf verschiedenen
Naturanlagen beruhen, als auf der Uebung.

Ueber den zweyten Haupttheil die Teleologie,
die, wie natürlich, auch hier in die Theologie
ührt, enthalte ich mich aller weitern Anmerkun=
gen. Nicht als ob mich der Tadel abgeschreckt
hätte, der in einer gelehrten Zeitung über meine

Prüfung der Kantischen Moraltheologie gefällt
worden seyn soll — ein sonderbarer Tadel, der
dem Urheber dieser Theologie selbst mißfallen muß,
wenn er ist, wie man mir ihn gemeldet hat, gelesen habe ich ihn selbst nicht — sondern weil ich
alles, was ich darüber zu sagen für nöthig hielt,
deutlich genug vorgelegt zu haben glaube; und
zu wenig Freund vom Polemisiren bin, um das
Gesagte dieser Art zu wiederholen.

V. Ueber die Untauglichkeit des Princips
der allgemeinen und eigenen Glückseligkeit
zum Grundgesetze der Sittlichkeit. Von
M. Gottlob Christian Rapp. Jena 1791.
90 S. 8.

In den G. A. habe ich mich darauf eingeschränkt, bemerklich zu machen, wie die Systeme,
über deren Gründe und Verhältnisse die Untersuchung des Verf. sich verbreitet, und die er selbst
einander schon näher gebracht hat, als sie andern
zu seyn scheinen, noch weiter mit einander vereinigt werden können. Und zwar that ich es in
Hinsicht auf dasjenige System, welches mit dem
Grundsatz der vernünftigen Selbstliebe anfängt;
und welchem der Verf. selbst den Vorzug zugesteht
vor dem andern, welches die Beförderung des allgemeinen Wohls zum allgemeinen ersten Princip
der Sittlichkeit annimmt. Dieß letztere aber
scheint dem Verf. darum verwerflich, weil er der
von mehrern schon geäußerten Meynung zugethan
ist, daß es Fälle geben könne, wo unleugbare
Abweichungen von Hauptgesetzen der Sittlichkeit,
der

Gerechtigkeit ſelbſt, für gemeinnützig ver-
nftiger Weiſe gehalten werden müſſe; oder
:nigſtens der Eudämoniſt nicht be-
:iſen könne, daß auch in ſolchen Fällen
Beobachtung des Geſetzes der Gerechtigkeit
:s Ganze wohlthätiger ſeyn werde, als die Aus-
)me von demſelben. Die Beyſpiele, die der
rf. hiebey aufſtellt, ſind aus einer andern
hrift über dieſe Materie genommen, und eben
s derſelben mir auch ſchon früher bekannt ge-
ſen. Aber nie hätte ich vermuthet, daß meh-
:e dieſer Unterſuchung ſonſt gewachſene Männer
eſe Beyſpiele ſo beurtheilen könnten.

Wenn man ſich hier auf der Seite des Sy-
:ms, welches beſtritten wird, aller Vortheile
:dienen wollte, deren man ſich mit Recht bedie-
:n könnte: ſo ließe ſich fragen, warum der Geg-
er dem Eudämoniſten den Beweis zuſchiebt:
tach dem natürlichen ſo wie nach dem poſitiven
techte, muß der Kläger die Vorwürfe und Be-
ſchuldigungen beweiſen; und kann nicht verlan-
en, daß derjenige, gegen den er ſie vorbringt,
as Gegentheil derſelben, und ſeine Unſchuld be-
)eiſe. Alſo beweiſe der Gegner des Grundſatzes
es Gemeinen Beſten, daß es vernünftiger Weiſe
ür gemeinnützig, dem gemeinen Wohl der Menſch-
)eit gemäß zu halten ſey.

1) Daß ein Mann, der auf einem hohen Po-
ten ſteht, auf Verlangen ſeines Landesherrn,
dem er ſein ganzes Glück zu verdanken hat, zur
Unterdrückung eines Unglücklichen behülflich ſey;
damit er nicht ſeinen Poſten verliere, ins Gefängniß komme, einem Unwürdigen Platz mache, der
unſägliches Unglück ſtiften wird; und am Ende
doch ohne den Unſchuldigen gerettet zu haben.

N 2   2)

2) Daß es, nach eben demselben Grundsatz der Gemeinnützigkeit, sittlich gut seyn könne, einem reichen Manne, der keinen nützlichen Gebrauch von seinem Vermögen macht, bey guter Gelegenheit von Zeit zu Zeit eine Kleinigkeit zu entwenden, um Dürftige zu unterstützen rc. (S. 6 f.)

Also dem Kläger käme der Beweis zu. Und warum übernimmt er ihn nicht? Warum wagt er nicht ein mal gern, gerade heraus dieß kategorische Urtheil; daß dergleichen Handlungen in gewissen Fällen der Menschheit im Ganzen vortheilhaft, gemeinnützig seyn können? Ich denke, es regt sich doch in ihm ein geheimes Gefühl des Widerspruchs und der Empörung, die eine solche Behauptung unter den vernünftigsten Menschen veranlassen müßte. Der Beklagte soll beweisen. Und, wo es auf den Werth der Handlungen wegen aller ihrer der Vernunft erkennbare Folgen ankömmt; da hat derjenige freylich manche Vortheile, dem man beweisen soll. Denn hier ist nicht die Frage von ganz in der Anschauung gegebenen geometrischen Figuren, sondern von Menschen und Handlungen in der wirklichen Welt.

Ganz unstatthaft wäre die Einrede, daß schon die Schwierigkeit, die Anwendungen des Princips auf alle Fälle so zu beweisen, daß gar kein Zweifel oder Irrthum dabey möglich bleibe, die Untauglichkeit desselben zu erkennen gebe. Denn dieß würde alle sittlichen Grundsätze verwerflich machen. Wer will behaupten, daß die Grundsätze, handle der Vernunft gemäß, dem göttlichen Willen gemäß, so wie du willst und vernünftig wollen kannst, daß alle Menschen in dem gleichen Falle handeln, bey der Anwendung auf einzelne Fälle keine Zweifel mit sich führen, und nicht auch falsch angewendet werden können?

innen? Wenn also der Eudämonist zugeben muß,
aß sein Grundsatz von manchen zum Nachtheil
er Hauptgebote der Gerechtigkeit angewendet
erden könne: so ist dieß noch nicht mehr, als
as bey jedem Grundsatz der Moral zugegeben
erden muß.

Aber der Erdämonist kann den Beweis wohl
ber sich nehmen, daß derjenige seine Vernunft
cht recht zu Rathe zöge, der um des gemeinen
esten willen, in den angegeben oder irgend ei=
em andern Falle die ausgemachten Gesetze der
erechtigkeit verletzen, stehlen, Unschuld unter=
rücken helfen re. wollte. Und kann hoffen, bey
nem Gegner, wie der Verf. ist, etwas dadurch
uszurichten. Erstlich bey der Idee des gemei=
en Besten ganz allein zu bleiben, vergleiche
an doch einmal genauer die Vortheile des einen
nd des andern Verhaltens; und die zu befürch=
nden übeln Folgen eben so. Wenn der Mini=
er, auf Verlangen seines Fürsten, den Unschuldi=
en unterdrücken hilft: so bleibt er fürs erste auf
inem Posten, den er gemeinnützig verwaltet.
ber in welche Gefahr setzt er eben dadurch das
emeine Beste? Wenn es so einmal dem Fürsten
elungen ist, das Gesetz und den Minister seiner
eidenschaft zu unterwerfen; wird der Mächtige,
er dieß einmal zu thun fähig ist, und einen sonst
echtschaffenen Mann willfährig findet, nicht dem
emeinen Wesen höchst gefährlich? Welchen un=
schätzbaren Dienst könnte hingegen in solch einem
salle eine weise, zwar mit möglichster Schonung
nd Gefälligkeit im Benehmen verbundene, aber
n der Sache von der Gerechtigkeit nicht einen
Nagel breit abweichende, Widersetzlichkeit eines
echtschaffenen Ministers dem gemeinen Wesen,
a der Menschheit für immer, leisten. Welche

N 3 Bey=

Beyſpiele wären nöthiger; welche heilſamer zur
Ermannung der Menſchheit? Wahrlich in Erſtaunen ſetzte es mich, von zween einſichtsvollen Männern eine ſolche Handlung nicht ſo gewürdigt zu
ſehen. Ich rechne dem Preußiſchen Münchhau-
ſen ſeine, nicht eben in ſo ſchlimmen Dingen,
mehrere male gegen Friedrich den Einzigen be-
weiſene Widerſetzung zum größern Verdienſt um
die Menſchheit an; als alle die guten oder gut
gemeinten Handlungen und Verordnungen der all-
zugefälligen —; und bin ſicher, daß viele ver-
ſtändige Männer hierinne mit mir einig ſind.
Nur dieß einzige bitte ich alſo, der Wahrheit gemäß zu beherzigen; und ich hoffe, dieß allein
ſchon wird hinreichend ſcheinen, die Einwilligung
des Miniſters im beſchriebenen Fall für höchſt
gemeinſchädlich zu erklären. Ferner aber könnte
der Fürſt zur Reue kommen, und den allzugefälli-
gen Miniſter nun, wie er es verdient, verabſcheuen,
mit Schimpf und Schande ſeines Dienſtes ent-
ſetzen. Wo wäre dann der Vortheil? Oder die
Unſchuld könnte ſonſt offenbar werden: wie ſtünde
es nun um das Vertrauen auf die Obrigkeit,
welches zum gemeinen Wohl ſo nöthig iſt?
    Und nun einen andern Geſichtspunkt, der hier,
wie in allen ähnlichen Unterſuchungen, nicht über-
gangen werden darf. Die Vertheidiger des Princips der gemeinen Wollfarth, als eines Princips
der Sittlichkeit, ſetzen, wie billig, voraus, daß
man dieß Princip mit keinem Irrthum verbinde,
ſondern in Verbindung mit allen Wahrheiten der
Vernunft anwende. Und diejenigen, mit welchen
es der Verf. hier zu thun hat, und deren Sache
ich übernehme, ſetzen den Glauben an göttliche
Providenz voraus. Wenn nun der Verf. hiemit
verbindet, was er an ſich auch eingeſteht, daß
                                                  die

die Gesetze der Gerechtigkeit, der Regel nach, oder in den allermeisten Fällen, von unzweifelhaf= ter höchster Wichtigkeit fürs gemeine Beste sind: so wird er auch einsehen, daß diejenigen, die er bestreitet, ohne die mindeste Inconsequenz, sagen können, was sie auch oft gesagt haben: von sol= chen ausgemachten Hauptsätzen des Rechtverhal= tens, wie die Gesetze der Gerechtigkeit sind, darf der Mensch, bey noch so wahrscheinlichen Vorthei= len der Verletzung, in einzelnen Fällen nie abwei= chen; wegen ihrer Wichtigkeit, die sie eben als Hauptstützen des gemeinen Wohls für ihn haben müssen; daß er sich in solchen Fällen vielmehr, was die möglichen und ihm wahrschein= lichen nachtheiligen Folgen anbelangt, auf die Vorsehung verlassen müsse. So wie, oder ei= gentlich noch weit mehr — als, der Privatmann nach den gemeinen Gesetzen und Rechten des Staats sich verhalten, und seiner Obrigkeit es überlassen muß, den nachtheiligen Folgen abzuhel= fen, die dann und wann daraus entstehen können.

Ich habe mit Bedacht eine Antwort aufgescho= ben, die dem Streit eine ganz andere Wendung geben, und vielleicht auf einmal ein Ende machen kann; weil der Verf. diese nicht erwartet, und dasjenige, worauf sie beruht, nicht als dem Sy= stem, wogegen er streitet, zukommend betrachtet; ob solches gleich, meines Erachtens, ihm gar nicht entgegen, und, wie ich es annehme, darinne enthalten ist. Nemlich man kann zum be= stimmtesten, allgemeinen Grundsatz der Sitten= lehre machen den Satz: erhalte und befördere nach Vermögen das Wohl des Ganzen; und — noch die besonderen Grundsätze der Gerechtigkeit (im engern Sinn) als begründet im Wesen der Vernunft, vermöge des Verhältnisses der Be=

griffe,

griffe, betrachten. Wie nun der Grundſatz des
gemeinen Beſten, als ein Grundſatz der Vernunft,
übereinſtimmend mit allen Naturgeſetzen gedacht
werden muß: ſo muß er alſo auch gemäß den
eigenen Geſetzen des Verſtandes und der Vernunft verſtanden und angewendet werden. Und
wenn alſo den Unſchuldigen wie einen Schuldi-
gen behandeln, fremdes Eigenthum wie das
Meinige behandeln, meine Vernunft ſchon bey
der Wahrnehmung des Verhältniſſes der Begriffe
empört: ſo kann die Vernunft mir auch nicht
zumuthen, das Beſte anderer auf eine ſolche
empörende, widerſinnige Weiſe zu befördern.
Hierinne wird nun der Verf. wohl mit mir einver-
ſtanden ſeyn. Aber ob er zugeben wird, daß bey
der Annehmung ſolcher beſondern Gründe für die
Geſetze der Gerechtigkeit im Weſen der Vernunft,
man doch den Grundſatz des gemeinen Beſten zum
erſten Gebot der Sittlichkeit machen könne? Ich
dächte; wenn er bedenkt, daß man es nicht überall bloß mit dem Verſtande und der reinen Vernunft zu thun hat, wenn man den Menſchen
Pflichten vorſchreibt, und aus ihrer Natur ſie
abzuleiten hat. Wenn er insbeſondere auch den
Gründen nachdenkt, um welcher willen die Vernunft einige Pflichten und Rechte mit Gewalt zu
unterſtützen befielt, andere nicht. Ich halte es
alſo nicht mehr für nöthig, in die Widerlegung
der andern Inſtanz, von Diebereyen in guter Abſicht, mich weiter einzulaſſen. Für den Verf. iſt
das bemerkte gewiß hinreichend zum Beweiſe, daß
auch dabey die Vernunft das gemeine Beſte von
der ſtrengen Befolgung der Geſetze der Gerechtigkeit vielmehr abhängig erachten muß, als von
ſolchen Verbeſſerungen der Glücksumſtände einzelner Familien.

VI.

VI. Prüfung der Kantischen Critik der reinen
Vernunft. Von Joh. Schulze, Königl.
Hofprediger und ordentlichen Prof. der
Mathematik. Erster Theil. 242 S. 8.
Königsberg, 1789.

Um Rechenschaft zu geben, was diese Schrift,
die gewiß alle Freunde und Gegner der Kantischen
Philosophie ihrer vorzüglichen Achtung würdig
finden werden, auf mich für einen Eindruck gemacht, der ich sie zwar spät, aber mit desto größe-
rer Aufmerksamkeit gelesen habe; will ich mich zuförderst darüber erklären, wie weit ich glaube, daß
mein vom Verf. gründlich bestrittenes, von mir
doch aber vorher schon eingestandenes (G. A. d. J.
St. 21.) Versehn in Ansehung des Satzes vom
Widerspruch eigentlich gehe; wie ich dazu kam,
und welche dabey vorgetragene Sätze ich noch für
richtig halte. Die Aufklärung dieses Punktes
wird Licht über einige andere verbreiten, über
die ich mich gleichfalls zu erklären habe.

In der Kantischen Lehre vom Raum, war und
ist noch ein Hauptargument dieß, daß, wenn die
Vorstellung v. Raum empirischen Ursprungs wäre,
die geometrischen Wahrheiten nicht apodiktische
Gewißheit, Nothwendigkeit und Allgemeinheit
haben könnten. Ich behauptete, daß der Begriff
v. R. wie alle unsere Begriffe, aus einzelnen Per-
ceptionen sich bilden, und glaubte nichts desto
weniger Grund der apodictischen Gewißheit und
Nothwendigkeit jener Wahrheiten einzusehen.
Hiezu kam, daß Hume die Allgemeinheit des
Hauptsatzes der Caussalität eben darum für grund-

N 5 los

los im Verstande erklärt; weil er mit allem, was
er enthält, aus einzelnen Bemerkungen abstamme.
Auch hier glaubte ich einzusehen, daß der Ursprung einer Erkenntniß aus dem Einzelnen nicht
hindere, daß der Verstand dennoch seinen wesentlichen Gesetzen gemäß, für die Allgemeinheit ihrer
Gültigkeit sich bestimme. Zugleich schwebte mir
dabey vor der alte Haupteinwurf des Skepticis-
mus gegen alle unsere allgemeinen Grundsätze und
Beweise, daß doch der letzte Grund aller Behauptungen, alles Urtheilens, alles Fürwahr-
haltens und aller Ueberzeugung der individuelle
Verstand des Urtheilenden in seinem individuel-
len itzigen Zustande; so wie jedes Urtheilen ein
individueller Act sey; ein Einwurf, der noch
mehr Ansehn dadurch erlangen kann, daß Car-
tesius, als Dogmatiker, und also freylich in an-
drer Absicht, ausdrücklich die nothwendigsten unserer Wahrheiten, die offenbar auf dem Satze
von Widerspruch beruhen, und mit ihm stehen
oder fallen müssen, vom göttlichen Willen ablei-
tete; welches, wenn es wahr wäre, die Folge
geben würde, daß, was auch, nach unsrem itzigen
Verstande, noch so nothwendig von uns angenommen oder verworfen werden müßte, dennoch, bey
einem solchen subjectiven Grunde, nicht für absolut und objectiv nothwendig erklärt werden könne.

Diese Hinsichten leiteten mich zur Untersuchung,
ob und wie wir durch einzelne Wahrnehmungen
dessen, was in unsrem Verstande vorgeht, zu allgemeinen Grundsätzen gebracht werden können?
Und noch glaube ich, daß, wenn man mit den
kühnsten Skeptikern so tief eingeht, als sie es
bisweilen ausdrücklich verlangen, und mit Recht
verlangen können, es zu dieser Frage kommen
müsse.

müſſe. Dieß hat aber auch weder der Verf, noch
daß ichs wüßte, ſonſt einer der Philoſophen, die
auf ſeiner Seite ſind, geleugnet.

Hätte ich nun jene Frage ſo beantwortet, daß
ich nur behauptet hätte, wie durch mehrere ein=
zelne Wahrnehmungen ein Grund ſich dem Ver=
tande entdecken und aufklären könne, der ihn,
einer Natur gemäß, zur Erzeugung oder Anneh=
nung eines allgemeinen Urtheils nothwendig be=
timmte; hätte ich gezeigt, wie dieſer Grund in
Beziehung auf den Satz des Widerſpruchs völlig
a priori, im Weſen des Verſtandes liege, wenn
gleich die allgemeinen Begriffe vom Seyn und
Nichtſeyn, vom Widerſpruch, vom Können, oder
ie Begriffe der beſtimmtern Sätze die als Bey=
piele und Erläuterungen des Satzes vom Wider=
pruche ſo oft gebraucht worden, die Begriffe v.
Biereck und Zirkel, nebſt den Ausdrücken, an
enen ſie haften, durch mehrere einzelne Percep=
onen in uns nach und nach erzeugt werden; und,
denn es zur wirklichen Erkenntniß des Objects,
r Anſchauung kommen ſoll, immer wieder zum
inzelnen hinführen. Hätte ich deutlich und be=
timmt angezeigt, wie viel mehr auf ſich habe
ieſer völlig a priori in uns liegende Grund des
Satzes vom Widerſpruch, und aller abſolut noth=
endigen Wahrheiten, als der zum Theil empi=
ſche Grund anderer allgemeiner Urtheile, ins=
ſondere auch des Hauptſatzes der Cauſſalität —
itte ich dieß gethan, und weiter nichts: ſo ſehe
) noch nicht ein, wo ich geirrt, und mit dem
erſuch, den Satz vom Widerſpruch aus der Em=
indung, oder einzelnen Wahrnehmung, zu dedu=
en, Tadel verdient hätte. Denn, noch einmal,
) ſehe nicht ein, wie man den Skeptiker oder
n Carteſianer für hinlänglich widerlegt halten
kann,

kann, so lange man nicht gezeigt hat, daß in einzelnen Wahrnehmungen des Verstandes Grund
sich entdecken könne zu allgemeinen und absolute
Nothwendigkeit behauptenden Urtheilen.

Aber nicht nur habe ich nicht gethan, was ich,
wie ich izt anzeigte, hätte thun sollen; nicht deutlich genug den Unterschied zwischen den Begriffen,
die in einem Urtheile vorkommen, und dem Grund
der Verbindung oder Trennung der Begriffe
angegeben, und selbst immer vor Augen behalten;
eben so wenig deutlich und vestimmt genug den
Unterschied des ganz *a priori* im Wesen des Verstandes liegenden Grundes des einen, und des
zum Theil empirischen Grundes anderer allgemeiner Sätze: sondern ich habe mit unter Ausdrücke gebraucht, die die ganze Sache verdarben;
habe nicht nur bey der Frage, wie die Erweite-
rung der Bemerkung des in uns liegenden Gesetzes des Widerspruches zu einem, vor jedem Verstand eben so wie vor dem unsrigen, geltenden
Grundsatze erfolge, von Voraussetzung (S. 155)
sondern an einer andern Stelle, zwar nicht in
ganz bestimmter Beziehung auf dieses Gesetz des
Widerspruches, und negativ, aber doch, von Vermuthen (S. 37) gesprochen; statt daß ich hätte
sagen sollen — wie ich freylich an mehrern Orten
auch gesagt, aber dadurch den begangenen Fehler
nicht aufgehoben habe — daß bey jeder Bemerkung eines Widerspruches, jedem einzelnen Versuche, sich vorzustellen, was aus widersprechenden Bestimmungen zusammengesetzt seyn soll, ein Grund
sich entdeckt, aus welchem die absolute Unmöglichkeit erhellet, daß so etwas gedacht werde; weswegen alles, was vom Gesetze des Widerspruches
abweichend oder dagegen gesagt wird, ohne Sinn,
nichts gedachtes, sondern nur leeres Gerede ist.

Noch

Noch einen Fehler habe ich in dieser Sache begangen; aber den scheint man sich doch größer vorgestellt zu haben, als er in der That ist, wenigstens so wie ich das Gesagte verstand. Ich scheine mich nemlich in einem offenbaren Cirkel herum zu drehen; indem ich bey der Allgemeinheit des Satzes vom Widerspruch auf das Gesetz des Grundes (S. 40) verweise; und doch (S. 167 f.) dieses letztere aus dem ersten ableite. Daß ich auch hier die Sache nicht gut vorgetragen, und zur Beschuldigung Anlaß gegeben habe; gestehe ich ein. Unterdessen lassen sich die mehrern Sätze, mit denen ich es hier zu thun habe, leicht so bestimmen und ordnen, daß kein Cirkel dabey entsteht. Wenn ich 1) einsehe, daß es gegen die Natur meines Verstandes, mir unmöglich ist, das Widersprechende zu denken und gelten zu lassen: so kann ich 2) auch bald einsehen, daß und warum ich ohne (mittelbaren oder unmittelbaren) Grund nicht urtheilen kann; es wäre dieß ja eben so viel als daß ich ein Verhältniß bemerkte indem ich es nicht bemerkte. Wenn ich nun 3) mich frage oder gefragt werde, warum ich nicht für möglich in sich und einem andern Verstand denkbar halte, was ich mir schlechterdings nicht vorstellen kann: so ist freylich die beste und kürzeste Antwort, daß nicht möglich heißen und für etwas gelten lassen kann, was ganz und gar keine Vorstellung giebt, nichts ist; in einen Cirkel gerieth ich aber doch nicht, wenn ich der Annehmung dieser objectiven Möglichkeit des meinem Verstande durchaus nicht Vorstellbaren, meine zweyte Bemerkung, mein Gesetz des Grundes, entgegen stellte. Im Grunde ist es freylich immer das erste; aber der erste Satz war noch nicht der dritte; sondern bestimmte erst durch Entwicklung seines Gehaltes dazu. — So, denke

denke ich, wäre dieser Artikel wieder im rechten
Geleise, aus welchem ich in der Lebhaftigkeit des
Streites mit ihm ausglitschte. Doch ich will den
Fehler auf keine Weise entschuldigen oder geringer
vorstellen als er ist. — Nun fragt es sich, ob auch
nicht einmal subjective Nothwendigkeit und Unmöglichkeit empfunden wird, und also der Begriff von Nothwendigkeit überall nicht aus der
Empfindung abstammen kann? Diese Empfindung und Abstammung habe ich nicht nur in der
Schrift über R. u. C., sondern an mehrern Orten
behauptet. Der Verf. widerspricht dieser Behauptung nachdrücklich und mit Gründen, welche die
genaueste Prüfung verdienen. S. 12 ff. Nemlich
1) sagt der Verf., kann der Begriff von Nothwendigkeit nicht aus der Empfindung abstammen,
da wir, genau genommen, nicht einmal Daseyn
empfinden, nur was da ist, aber nicht, daß es
da ist, empfinden. Ist aber sogar das Daseyn,
auf welches die Empfindung eine unmittelbare Beziehung hat, ein Prädicat, dessen Verknüpfung
mit dem empfundnen Gegenstande der Verstand
aus keiner Empfindung, sondern ganz aus sich
selbst schöpfet: so ist von selbst klar, daß dieß von
den Prädicaten Möglichkeit und Nothwendigkeit,
auf welche die Empfindung nur eine entfernte Beziehung hat, um so mehr gelten muß. 2) Wenn
man sagt, daß wir die Undenkbarkeit oder Unthunlichkeit einer Sache empfinden: so ist hierbey nur
so viel richtig, daß wir den Gedanken empfinden,
den wir von der Undenkbarkeit oder Unthunlichkeit der Sache haben; wobey also noch unausgemacht ist, wo wir diesen Gedanken, und den Begriff der Unthunlichkeit, der subjectiven Unmöglichkeit, herhaben, ob aus irgend einer andern Empfindung, oder ob er unabhängig von aller Em-

pfindung

ündung in uns gegründet war. 3) Die objec=
ve Unmöglichkeit und Nothwendigkeit läßt sich
ıs der subjectiven so wenig herleiten, daß die
ztere vielmehr die erstere schon voraussetzt. Denn
ʒnn wir sagen, ich kann etwas nicht thun oder
dern: so heißt dieß so viel, ich kann die Sache
bst oder ıhr Gegentheil nicht hervorbringen;
so liegt hiebey schon der Begriff von Ursache vor=
s; dieser bezeichnet aber, eine objective Noth=
ndigkeit. Und wenn wir sagen, daß wir etwas
ht denken oder wollen können: so setzt dieß den
ʒgriff von der objectiven Unmöglichkeit der
ıche, und daher von der Nothwendigkeit ihres
gentheils voraus. Denn wie könnten wir sonst
der Behauptung kommen, daß das Denken
r Wollen der Sache in uns nicht möglich wäre?
va auf dem Wege der Empfindung? Dieses
unmöglich. Denn die Empfindung lehrt mich
ʒts weiter, als daß der Gedanke oder das
ꝛllen bis jetzt noch nicht in mir gewesen. Wenn
aber sage, diesen Gedanken, diese Begierde,
ꝛe und kann ich auch künftig niemals haben:
ınn ich dieses doch offenbar nicht aus meinen
ꝛerigen Empfindungen wissen, denn diese be=
en sich nur auf das Gegenwärtige und Ver=
ʒene, nicht aber auf die Zukunft. Weiß ich
lfo gleichwohl gewiß und zuverlässig: so muß
s unabhängig von aller Empfindung, also a
ri wissen, daß die Sache unmöglich, mithin
Gegentheil absolut nothwendig ist. 4) Hier=
ist nun einleuchtend, daß es durchaus unmög=
ist, den Begriff der absoluten objectiven Un=
lichkeit aus irgend einer Empfindung oder
ꝛrnehmung abzuleiten.„ So weit der Verf.
Im nun den Streitpunkt aufs genaueste zu be=
nen und deutlich zu machen, wie weit ich mit
dem

dem Verf. einig bin, und wo ich der von ihm be=
ſtrittenen Stelle meiner Schrift eine Verbeſſerung
für nöthig erkenne: 1) räume ich alſo ein, daß
abſolute objective Nothwendigkeit ſich nicht aus
der Empfindung ergiebt; ſondern daß die Be=
hauptung derſelben Einſicht eines Grundes er=
fordert, der vermöge der Natur und Geſetze des
Verſtandes zur Anerkennung derſelben beſtimmt.
Dieſe Einſicht oder Wahrnehmung oder Bewußt=
ſeyn des Grundes zum Urtheil, muß von der
Empfindung oder Wahrnehmung des Gegenſtan=
des unterſchieden werden.　Und wenn ich dieß
nicht überall ſorgfältig genug that; ſo war es
Fehler.　Aber die Frage ſetze ich hier wenigſtens
noch bey Seite, ob nicht die Uebereinſtimmung
vieler Erfahrungen oder einzelner Wahrnehmun=
gen für die Vernunft ein zureichender Grund
werden könne, eine objective Nothwendigkeit an=
zunehmen, wenn ſie gleich keine ſolche apodikti=
ſche Gewißheit hat, wie die geometriſchen Wahr=
heiten? Der Verf. und Kant ſetzen auch ſelbſt
nicht alle anerkannten Naturgeſetze in eine Claſſe;
ob ſie gleich überhaupt mehr dabey aus ſubjectivem
Grunde a priori ableiten, als andere. 2) Ich
räume ferner ein, daß Empfindung für ſich allein
auch nicht einmal den Grund enthalte zur Be=
hauptung einer abſoluten ſubjectiven Nothwen=
digkeit, ſondern daß auch dazu eine weiter gehende
Einſicht erfordert werde. 3) Alſo bleibt nur die
Frage übrig, ob nicht der Begriff von Nothwen=
digkeit oder Unmöglichkeit, das, was wir uns
denken, wenn wir dieſe Ausdrücke gebrauchen,
der Grundbegriff nicht einmal, oder das wenig=
ſte, was dieſe Ausdrücke bedeuten können, in
irgend einer Empfindung gegeben werde? Und
da kann ich mich noch nicht überzeugen, daß, was
wir

wir uns bey diesen Ausdrücken denken, überall in keiner Empfindung enthalten sey. Mag es seyn, daß wir absolute Nothwendigkeit nicht bloß mittelst der Empfindung erlernen. Hypothetische Nothwendigkeit ist auch Nothwendigkeit, und muß das enthalten was zum allgemeinen Begriff von Nothwendigkeit gehört, weil dieser beyde Arten, die hypothet. und die absolute, unter sich begreift. Wenn ich nun sage, ich fühle mich zu schwach, diese Last aufzuheben, ich kann sie nicht aufheben; ich muß oder ich mußte fallen; ich kann den Mond nicht erreichen, ich muß mir wohl gefallen lassen, daß die Sonne scheint; wenn ich in solchen Urtheilen über meinen gegenwärtigen und vergangenen Zustand urtheile; sollte ich da weiter etwas als die Empfindung brauchen, um so zu urtheilen; sollten diese Urtheile mehr als Aussage meiner Empfindungen seyn? Ist mir, um diese subjective Nothwendigkeit nach meiner Empfindung auszusagen, irgend Erkenntniß einer absoluten, objectiven Nothwendigkeit nöthig? Gesetzt es wäre ganz unausgemacht und zweifelhaft für mich, ob sich nicht in der Folge einmal die Sonne nach meinem Willen und Befehl richten, ich den Mond erreichen, eine mehrere Zentner schwere Last mit einer Hand aufheben werde: bliebe es nicht doch gewiß für mich, und gewiß durch mein Gefühl, daß ich jetzt das Ausgesagte nicht kann, leiden, mir gefallen lassen muß?

4) Wenn dieß geleugnet wird, so bin ich nicht im Stande zu folgen. Mir scheint also der Verf. auf der andern Seite zu weit gegangen zu seyn, wenn er alles Gefühl von Nothwendigkeit und Unmöglichkeit leugnet — wofern dieß seine Absicht war, und ich ihn nicht hierinne mißverstehe. — so wie ich zu weit gieng auf der einen Seite, indem

O ich

ſich zu vieles von unſerer Erkenntniß des Nothwendigen aus dem Gefühl abzuleiten ſuchte.

5) Freylich ſetzt die empfundene ſubjective
Nothwendigkeit eine objective voraus, auch die
hypothetiſche; nicht nur wie jede Empfindung das
Empfundene als Gegenſtand vorausſetzt, ſondern
in ſo fern auch, noch als die angegebene Nothwendigkeit wirklich empfunden nicht eingebildet, er-
träumt iſt. Aber ein anderes iſt Grund der Nothwendigkeit, die da iſt, (principium eſſendi) ein
anders Grund der Vorſtellung oder des Begriffs.
Den letztern in der Empfindung annehmen, heißt
nicht das Daſeyn des erſtern außer und vor der
Empfindung leugnen.

6) Und eben ſo gewiß und offenbar iſt, daß zu
jedwedem Urtheil Urtheilskraft, alſo auch zum
Empfindungsurtheil oder zur bloßen Ausſage der
Empfindung, zur Bemerkung des ſubjectiven Zu-
ſtandes, lebendiges, thätiges, verbindendes
Wahrnehmungsvermögen gehöre; oder, nach
den Ausdrücken des Verf. (S. 52.) daß bey dem
empiriſchen Bewußtſeyn, intellectuelles reines
Bewußtſeyn vorausgeſetzt werden müſſe. Gewiß,
wenigſtens für mich, daß viele einartige und ver-
ſchiedenartige Impreſſionen vorausgegangen ſeyn
müſſen, ehe von einer einzigen die eigentliche,
klare, oder deutliche beſtimmte Erkenntniß, un-
terſcheidende Bemerkung und Beurtheilung, entſtehen kann; wobey der Verſtand zwar in Thätigkeit iſt, aber doch nicht juſt ſo, daß man ſagen
könnte, er müßte erſt der Empfindung entdecken
(S. 52.) was ſie ihm zu erkennen geben ſoll.
Vielmehr bleibt immer wahr, daß der Verſtand
aus der Empfindung, aus der, durch die Zuſam-
menkunft mehrerer ähnlicher Impreſſionen und den
Abſtand der verſchiedenartigen beſtimmten und
aufge-

ufgeklärten, Empfindung den subjectiven Zu=
cnd erkenne. Und wenn dieß von irgend einer
mpfindung und irgend einem subjectiven Zustande
:sagt werden kan: so halte ich mich überzeugt,
:ß es auch vom Nichtkönnen und Müssen, wie
)m Wollen und Nichtwollen, vom Streben
:d Widerstreben gesagt werden könne; daß,
:s wir so nennen, sich durch Empfindung uns
: erkennen gebe. Auch wenn ich die Unterschei=
:ng des Verf. (S. 52 f.) zwischen innerer
mpfindung oder innerer Wahrnehmung und
:nem, intellectualem, unwandelbaren Selbst=
:wußtseyn, die ich noch nicht gebraucht habe,
:nehme.

Ich übergehe, was der Verf. hiebey von der
:ziehung des Begriffs vom Seyn auf Empfin=
:ng gesagt hat; theils weil, was ich dagegen be=
:rken könnte, schwerlich etwas ausrichten
:rde, wenn das bisherige nicht schon meine Be=
:uptung rechtfertiget; theils weil es nach wohl
:y anderer Gelegenheit geschehen kann.

So will ich auch nur mit wenigem anzeigen,
:e ich die Ableitung des Begriffs von Kraft aus
:r Empfindung mir denke. Nicht in einer Art
:n Empfindungen oder Anschauungen findet sich
:r Inhalt dieses Begriffes; wenn wir dabey
:ränderung, und Grund oder Quelle der Ver=
:derung, wohl daneben noch bleibenden, fort=
:uernden Grund der Veränderungen uns den=
:. Sondern diese angegebenen Bestandtheile
: Begriffes Kraft entspringen aus verschiede=
:n Arten von Empfindungen oder Anschauungen.
:s andern die Vorstellung von Veränderung,
:en empirischen Ursprung Kant selbst zugiebt
5. 4); aus andern die von Grund oder
:uelle; und aus der Verbindung noch anderer

O 3   die

die Vorstellung vom Bleibenden. Viele Acte
des Verstandes sind nöthig, ehe dieser deutliche
und bestimmte Begriff von Kraft zu Stande
kömmt. Es ist aber auch nicht immer dieser ausgebildete, deutliche und bestimmte Begriff, was
die meisten Menschen beym Wort Kraft denken;
so wohl wenn sie von den in ihnen regen und
wirksamen Kräften, als von Kräften, die ihnen
widerstehen oder auf sie wirken sprechen; die Vorstellungen, die den Ausdruck Kraft begleiten, sind
da noch wenig bearbeitetes Gefühl.

VII. Karl Heinrich Heydenreichs Dr. und
Prof. d. Philosophie in Leipzig Betrachtungen über die Philosophie der natürlichen
Religion. Erster Band. 272 S. 8. Leipz.
in der Weygand. Buchh. 1790.

Diese Schrift verdient die Aufmerksamkeit aller
Freunde einer gründlich zu Werke gehenden Philosophie. Und der schon so vortheilhaft bekannte
Name des Verf. läßt nicht daran zweifeln, daß
sie dieselbe auch wirklich erhalten werde. Hoffent-
lich trägt sie auch dazu bey, die streitenden Parteien in Ansehung eines Hauptpunktes einander
näher zu bringen; in dem der Verf. zwar für den
moralischen Grund des Glaubens an Gott sich
erklärt, und ihn vortrefflich ins Licht setzt, ja mit
einem Zusatze verstärkt; aber auch den Gründen
der theoretischen Philosophie für eben diesen vernünftigen Glauben alles, was mit Recht gefor-
dert werden kann, völlig eingesteht. Ich habe in
den G. A. d. J. (St. 45) gesagt, wie weit ich den
eigen-

genthümlichen Werth des moralischen Grundes
r Religion, bey den übrigen Vernunftgründen
rselben, anerkenne. Und ich bin hier so wenig
s dort geneigt, dasjenige zu wiederholen, was,
ich meiner Einsicht, ihm entgegen steht, wenn
, mit Verwerfung oder Vernachlässigung dieser
dern, als der einzige aufgestellt wird; und
s ich in einer eigenen Abhandlung des vorher-
henden Bandes dieser Bibliothek, in den G. A.
y Gelegenheit der Jacobschen Preißschrift (S.
85 v. J.) und sonst auch deutlich genug vorge-
agen zu haben vermeyne. Freylich scheint es
ir, daß der Verf. über die Nothwendigkeit der
oraussetzung des Daseyns Gottes zur Behaup-
ng und Befolgung des Sittengesetzes, und über
e Stärke des darauf beruhenden moralischen
gumentes an einigen Stellen seiner Schrift sich
ch zu stark auszudrucke. Wie wenn es S. 161
heißt, daß kein anderer subjectiver Glaubens-
und so ganz über jeden Zweifel und Einwurf
haben, so durchaus von allen Seiten vollstän-
g und bestimmt sey, als der moralische. In
dern Stellen erklärt sich aber auch der Verf.
stark zum Vortheil der theoretischen Vernunft
d ihrer Gründe für den Hauptsatz der Religion,
ß in der Verbindung der einen mit den andern,
e erstere schon einen gemäßigtern Sinn an-
hmen kann. So heißt es gleich S. 165 in der
ote „Es ist in der That nicht zu leugnen, daß
ant — die theoretische Vernunft zu sehr herab-
zt, um sein Lieblingskind, die practische Ver-
nft desto mehr zu erheben. — Ich für meine
rson erkenne keine Verbindlichkeit, mich meiner
eoretischen Vernunft so zu bedienen, als ob
les bloß Natur sey; ich muß vielmehr, um mich
rer im Reiche der Natur so fort sicher bedienen

zu

zu können, übernatürliche und alſo auch über=
ſinnliche Principien vorausſetzen. Die zweck=
mäßige Einheit iſt mir nicht bloß eine große Be=
dingung der Anwendung der Vernunft auf Natur,
ſondern eine unabläſſige; nicht eine zufällige Ab=
ſicht, ſondern eine ſubjectiv nothwendige; nicht
bloß eine nicht unerhebliche Abſicht, ſondern eine
der allerangelegentlichſten Abſichten.,, Ja S. 54
heißt es ſo gar: „Um die innere Möglichkeit ir=
gend eines Dinges zu begreifen, muß die Ver=
nunft das Daſeyn eines letzten, völlig beſtimmten
und in ſich beſchloſſenen Grundes aller Möglichkeit
vorausſetzen. Der Begriff des allervollkommen=
ſten Weſens iſt alſo eine in ihrem Weſen urſprüng=
lich enthaltene nothwendige Bedingung ihrer ge=
ſetzmäßigen Wirkſamkeit.,, Stärker kann man
ſich ja für den ontologiſchen Beweis kaum erklä=
ren. Daß der Verf. dieſen und jeden andern
Grund des Satzes, daß ein Gott iſt, für bloß ſub=
jectiven Grunde erklärt, ſchadet nichts. Denn
wenn andere dieß nicht thaten; ſo kam es nur
daher, daß man ſich der Unterſcheidung ſubjecti=
ver und objectiver Wahrheit entweder noch gar
nicht, oder doch nicht mit den Begriffen bedienet,
die der Verf. dabey annimmt. Bey bloß ſubjecti=
ven Gründen iſt ihm doch die Wahrheit eine Ue=
berzeugung, bey welcher Zweifel und Gedenken
des Gegentheils unmöglich iſt, oder die doch mit
unſerer Natur auf das vollkommenſte überein=
ſtimmt. (S. 67.) Aber ob nicht auch bey der
Würdigung der theoretiſchen Vernunftgründe der
Verf. ſich mit unter zu ſtark ausdrücke? Als eben
in der zuletzt angeführten Stelle; daß die Ver=
nunft nicht die innere Möglichkeit irgend eines
Dinges begreifen könne, ohne das Daſeyn eines
allervollkommenſten Weſens vorauszuſetzen? In=

nere

ere oder abfolute Möglichkeit hieß fonft fo viel
ls daß das Mehrere, woraus ein Ding beftehen
)ll, einander nicht widerfpricht. Und man nahm
aher an, daß die innere Möglichkeit eines Din=
es keinen weitern Grund außer demfelben habe;
ienn gleich feine äußere Möglichkeit und Wirk=
chkeit dergleichen erforderten. Aber auch die
ußere Möglichkeit mancher Dinge fcheint begrif=
n werden zu können, ohne jene ontologifch= theo=
)gifche Vorausfetzung. Ich will mich hiebey nicht
uf die reine Mathematik berufen, weil da nicht
)n eigentlichen Dingen, wie der Verf. hier ohne
weifel meint, gehandelt wird, fondern auf die
iegreiflichkeit der innern und äußern Möglichkeit
)n Brücken, Mafchinen 2c. bey gegebenen Ma=
rialien, Orten 2c. Es kömmt hiebey vielleicht
)ch auf den Ausdruck Begreifen an. Der Verf.
flärt fich (S. 76) hierüber.„ Die Vernunft
greift d. h. fie ftellt fich das Gegründete im bün=
gen Zufammenhange mit dem Grunde, das Be=
ngte — mit der Bedingung vor.„ Gut: aber
:hört die Vorftellung des letzten Grundes der
gten Bedingung zu allem Begreifen? Wenn wir
:n Sinn diefes Ausdrucks in dem gemeinen
iprachgebrauch auffuchen: fo finden wir, daß das
iegreifliche dem Befremdenden entgegengefetzt
erde, und alfo fo viel heiße, als was man unter
:Ennnte Vorftellungen bringen kann. Daher
greift der Philofoph oder überhaupt der einficht=
illere Mann a) manches, was der gemeine
Iann oder ein Kind nicht begreift, weil er meh=
re und manchfaltigere Vorftellungen fich fchon
fannt und geläufig gemacht hat. Aber b) auch
anches nicht, was diefe völlig zu begreifen glau=
:n, was fie nicht im mindeften befremdet; weil
bey feinem helleren Verftande manches in den

D 4　Erfchei=

Erſcheinungen wahrnimmt und unterſcheidet, was
ſie überſehen. Aber wie ſehr auch das Begreifen
der einen und der andern in Anſehung des Um-
fanges und der Vollſtändigkeit ſich von einander
unterſcheiden: ſo iſt es doch im Grunde überall
dieſelbe Art von Verhältniß der Gegenſtände in
der Erkenntniß. Und alles Begreifen ſteht zuletzt
ſtille bey einigem, was in der Erkenntniß iſt, bekannt, ausgemacht iſt, ohne daß wir ſagen können, wie und woher es iſt, ohne daß wir es wieder auf etwas anderes reduciren und dem unter-
ordnen können; ſey dieſes nun etwas in uns und
zum Weſen des Verſtandes gehöriges, oder außer
uns den Objecten zugehöriges. Wenn alſo die
Vernunft als Vermögen zu begreifen betrachtet
wird: (S. 78 f.) ſo iſt dieß in ſo weit richtig, daß
wir ohne ſie nichts begreifen würden, in dem dieſes Begreifen eine ſolche Vergleichung und Verbindung mehrerer Urtheile erfordert, wie ohne
Vernunft nicht möglich wäre. Aber es könnte
doch jemand, freylich ganz gegen die Abſicht und
andre deutliche Erklärungen unſerers Verf. (l. c.)
dabey irre werden; die Folge daraus ziehen, daß
die Vernunft nichts annehmen könne, was ſich
nicht begreifen läßt. So ſehr ſie auch auf das
Begreifen ausgeht, und deswegen alles nach ſeiner Einſtimmigkeit und Verſchiedenheit ordnet,
und ſo eines durch das andere aufklärt, und das
Einzelne und Beſondere unter das Gemeine und
Allgemeine bringt, womit es übereinſtimmt: ſo
nimmt ſie doch auch das Unbegreifliche an, um
dem auszuweichen, was ihr noch mehr, was ihr
ſchlechterdings entgegen iſt, das dem Bewußtſeyn widerſprechende, oder ſchlechterdings un-
denkbare. Und nun wiederum zurückzukehren zu
dem Satze, der dieſe Digreſſion veranlaßt hat:
ſo

scheint es mir also, nach allem dem, was ich
mir bey den Ausdrücken denken kann, zu viel ge=
sagt, daß die Vernunft nicht irgend eines Dinges,
innere Möglichkeit begreifen könne, ohne die
Voraussetzung eines allervollkommensten Wesens.
Freylich eine Frage bleibt beym Wesen eines jeden
endlichen Dinges, wenn wir es als wirklich den=
ken, unbeantwortlich, wofern es als unabhängig
von irgend einer Ursache angenommen wird;
warum es just solche und so viele Realitäten habe,
da andere und mehrere beysammen denkbar sind?
Und die genugthuendste Antwort auf diese Frage
im Allgemeinen, liegt in der Voraussetzung einer
nach Zwecken die Mannchfaltigkeit der Wesen sy=
stematisch bestimmenden und zum Daseyn bringen=
den Ursache. Aber sollte die Beantwortung dieser
Frage zum Begreifen der innern Möglichkeit
des Dinges gehören?

Doch ich will beym allgemeinen Gegenstande
dieser Schrift nicht weiter; hingegen bey einem
der wichtigsten Hauptstücke derselben, das es mit
dem Begriff vom Daseyn zu thun hat, etwas län=
ger verweilen.

Um bey dem, was ich etwa bey einigen Sätzen
des Verf. zu erinnern finde, desto kürzer mich fas=
sen, und desto leichter verstanden werden zu können;
will ich voraus, und im Zusammenhang anzeigen,
wie ich mir diesen wichtigen Grundbegriff des
Daseyns aufgeklärt habe, und andern aufzuklären
wege. Zu dem Ende bemerke ich folgendes:

1) Der Begriff vom Seyn ist einer unserer
gemeinsten Begriffe. Denn er ist ein wesentli=
cher Bestandtheil aller Urtheile. Folglich auch ein
Bestandtheil einer jeden deutlichen, mit eigentlichem
Bewußtseyn, Unterscheidung und Anerkennung,
verbundenen, Erkenntniß. Denn Unterscheiden

O 5   und

und Anerkennen heißt Urtheilen. Hieraus iſt begreiflich; warum dieſer Begriff ſich nicht, mittelſt einer eigentlich ſo genannten logiſchen Definition, analytiſch aufklären läßt. Aber er läßt ſich,
wie andere ſolche Begriffe, ins Licht ſetzen durch
Bemerkungen der Verſchiedenheiten, mit welchen
er vorkömmt.

2) Die Verſchiedenheiten, mit welchen der
Begriff vom Seyn vorkömmt, müſſen ſich finden
bey den Verſchiedenheiten, mit welchen unſer Anerkennen und Unterſcheiden der Gegenſtände, überhaupt alſo unſer Urtheilen verknüpft iſt. Und ſo
findet ſich leicht, daß wir den Begriff vom Seyn
beziehen und anwenden, a) auf die Vorſtellnn-
gen in uns, im Verhältniſſe zu uns und unter
einander: b) Auf die Dinge auſſer uns, oder
die Gegenſtände der äuſſern Sinne. c) Auf uns
ſelbſt, als das Subject der Vorſtellungen, und
Wahrnehmungen. Es findet ſich ferner d) daß
wir nichts als Subject, dem poſitive Prädicate
zukommen, denken können, ohne ihm, unter irgend
einer Beſtimmung Seyn beyzulegen; mögen wir
es nun als wirkend, leidend, widerſtehend, em-
pfangend, habend, oder auf irgend eine Weiſe
mit einem ihm zukommenden Prädicate denken.
(Non entis nulla ſunt praedicata poſitiua. e)
Alſo iſt klar, daß was wir uns als Urſache eines
Seyns, oder als Grund denken, wir eben damit
im Seyn uns denken.

3) Die mehrern Ausdrücke, Seyn, Wirklichkeit und Daſeyn, laſſen ſich gebrauchen zur Unterſcheidung der mehrern Beſtimmungen, mit welchen der Begriff vom Seyn vorkömmt. Wenn
Seyn überhaupt die Verbindung des Subjects und
Prädicats eines jeden Urtheils ausmacht, alſo
bey jedem Urtheile vorkömmt: ſo kann Daſeyn,

(Adeſſe

Adeſſe, praeſens eſſe) auſſer dem abſoluten Seyn des Subjectes mit ſeinen Prädicaten, noch das Verhältniß der Coexiſtenz mit andern davon verſchiedenen Subjecten bezeichnen. Da wir ohne mehrere Gegenſtände zu unterſcheiden nichts deutlich denken können: ſo denken wir uns freylich ein Seyn mit völligem Bewußtſeyn, ohne auch ein Daſeyn zu denken. Aber wir unterſcheiden noch das abſolute Seyn vom Daſeyn. Wirklichkeit iſt ein Ausdruck der nach der Etymologie und dem gemeinen Sprachgebrauch ein Seyn bedeutet, in dem wir uns zugleich Grund eines andern Seyns denken. Aber auch dieſe zum abſoluten Begriff hinzu kommende Beſtimmung ſchränkt ihn noch wenig ein. Denn die Vorſtellungen vom Grund, Seyn und Wirken leiden ſo viele Verſchiedenheiten, als die Vorſtellung deſſen was abhängig iſt und was wird. Nicht nur den Dingen auſſer uns, ſondern auch den Vorſtellungen in uns kommen dieſe Prädicate, wirken, Grund ſeyn, wirklich ſeyn, zu. Aber indem wir doch Vorſtellungen haben von wirkenden Dingen, die wir von dieſen Dingen als ihren Gegenſtänden ſehr gut unterſcheiden; jene Vorſtellungen in unſrem Bewußtſeyn auch alsdenn haben können, wenn nicht die Dinge ſelbſt da ſind; ſo unterſcheiden wir alſo auch das Möglich ſeyn vom Wirklich ſeyn, und unterſcheiden beydes von einander auch in Beziehung auf bloße Vorſtellungen in uns. Denn auch Vorſtellungen können Gegenſtände von andern Vorſtellungen ſeyn; die einen können auf die andern bezogen, einartig und verſchiedenartig befunden; und ſo gegenwärtige, vergangene und künftige, wirkliche und mögliche von einander unterſchieden werden. Der Unterſchied zeigt ſich am leichteſten und ſtärkſten in Anſehung der Gegenſtände

ſtände außer uns; wo das bloß Vorgeſtellte und
das Wirkliche kein geſunder Verſtand im Bewußtſeyn mit einander verwechſelt, wenn gleich biß-
weilen in der Sprache.

Wenn ich nun mit dieſen meinen Bemerkungen die Sätze des Verf. zuſammen halte: ſo finde
ich die allermeiſten übereinſtimmend; oder ſo, daß
ich ſie leicht in Uebereinſtimmung damit bringen
kann. Nur bey einigen ſtehe ich an; und bin
nicht ganz gewiß, ob ich mich dabey zur völligen
Zufriedenheit des Verf. und meiner Ueberzeugung
völlig gemäß, erklären kann Nemlich:

1) Heißt es S. 93 f. „Wenn wir von einem
Dinge urtheilen, es ſey da: ſo denken wir es als
ein Glied der Sphäre des geſammten Daſeyns,
einer Sphäre, wovon wir auch uns ſelbſt als
Glieder denken müſſen. -- Man iſt unfähig irgend
ein einzelnes Ding als da ſeyend ohne dieſe Beziehung zu denken.„ Ich gebe es zu, wenn man
abſolutes Seyn und Daſeyn ſo unterſcheidet, wie
ich vorher gethan habe; und nicht daraus folgert,
daß das Daſeyn der Dinge außer uns überhaupt
abhängig ſey von unſerem Daſeyn. Ein transcendentales unbegreifliches Daſeyn unterſcheidet der
Verf. ausdrücklich in Beziehung auf Gott von
unſerem empiriſchen Daſeyn. Damit könnte wohl
übereinſtimmen, was ich abſolutes Seyn nenne.
Und — ſiehe, indem ich noch einmal die Sätze des
Verf. durchgehe, finde ich S. 102 die Unterſcheidung der abſoluten und relativen Wirklichkeit
ausdrücklich bey ihm.

2) S. 96. Die allgemeine Vorſtellung vom
Daſeyn überhaupt hat ihren letzten vorſtellbaren
Grund in der Natur des menſchlichen Verſtandes
ſelbſt; iſt die Entwicklung einer urſprünglichen
Grundlage ſeines Denkens, iſt alſo eine Vorſtel-
lung

lung a priori — kann sich aber nicht eher entwickeln, bevor der Mensch nicht wirkliche Vorstellungen von äußern objectiven, und den innern
Zuständen seines Subjectes erhalten hat.,, Dieß
gebe ich zu in dem Sinn, daß der ganze Stoff
zur allgemeinen Vorstellung vom Daseyn in dem
Verstande selbst liegt: eben darum weil ihm ja
selbst Daseyn zukömmt. (Eben so gebe ich zu,
daß der Stoff zu den Vorstellungen von Raum
und Zeit im Menschen liege, in so fern, als er
ein ausgedehntes und mit Veränderung fortdau-
rendes Subject ist). Die Erweckung und Bearbeitung dieses Stoffs zur wirklichen Vorstellung
setzt nach der eigenen Erklärung des Verf. empirische Bedingungen voraus. Also scheint das
Mißverständniß gehoben, was sonst wohl Widerspruch hiebey veranlasset hat.

3) S. 96 ff. Obgleich in unserem Bewußtseyn des Daseyns mit dieser Vorstellung die Vorstellungen von Raum und Zeit aufs genaueste zusammen hängen: so unterscheidet doch der Verstand ein von diesen Nebenvorstellungen freyes,
absolutes, zeitloses Daseyn. Dieß könnte er aber
nicht, wenn Zeit und Raum in den Dingen selbst,
wenn sie mehr als bloße Formen unserer Vorstellungen wären. — Ich gebe dieß alles in so fern
zu, daß auch ich unsere Vorstellung von Zeit und
Raum nicht für etwas den Dingen und ihren
Verhältnissen zukommendes halte. Aber Zeit und
Raum schlechtweg für bloße Formen in uns halten, kann ich nicht. So wie ich etwas meinen
Wahrnehmungen äußerer Gegenstände objectiv
entsprechendes außer mir annehmen muß; eben so,
und eben deswegen finde ich mich genöthigt, etwas
meinen Vorstellungen von Raum und Zeit ent-
prechendes in den Verhältnissen der Gegenstände

unter

unter einander außer mir anzunehmen. Und —
der Verf. ſelbſt lehrt weiter unten (S. 245) ausdrücklich: „es müſſe doch in den Dingen an ſich,
und in uns, nach unſerer abſoluten Natur, etwas
ſeyn, das der Form der Zeit — correſpondirt, ein
überſinnliches, transcendentales *correlatum* der
Zeit.,, Mehr verlange ich nicht. Das Abſolute
der Gegenſtände mit unſerer Vorſtellungsart
völlig für einerley halten zu wollen, wäre ſo höchſt
unphiloſophiſch, daß man es kaum von einem An-
fänger vermuthen darf. Warum ſollte der Verf.
nicht eben ſo viel in Beziehung auf die Vorſtellung
vom Raum eingeſtehen? Thut er aber dieß: ſo
ſehe ich nicht ein, warum man nicht ein transcen-
dales *Wo* und *Wann* bey dem allgemeinen Begriff vom Seyn annehmen könnte? Und ſo fern
die Weglaſſung dieſer Vorſtellungen zur Folge
führte, daß Etwas ſeyn kann, ohne irgendwo und
irgendwann zu ſeyn, vorhanden ſey und doch nirgends und nie ſey: ſcheinen ſie unentbehrlich. Aber
dieß *ubi* und *quando* iſt nicht vorſtellbar durch
unſere Begriffe von R. u. Z. Jene ſind nur eines
der feinſten Elemente von dieſen; eine für die
Anſchauung zu feine Abſtraction des Verſtandes.

4) Gegen die Erweislichkeit des Satzes, daß
die Gottheit kein Gegenſtand einer unmittelbaren
Wahrnehmung, und alſo auch ihr Daſeyn nicht
empiriſch erkannt; alſo im ſtrengen Sinn des
Wortes gar nicht erkannt werden könne, habe
ich in den G. A. Zweifel geäuſſert. Um nicht mißverſtanden zu werden, will ich mich jetzt darüber
noch etwas weiter erklären. Der Verf. drückt ſich
über jenen Satz ſo aus: „Man kann ſich Gott
nicht als daſeyend denken nach den Begriffen eines
empiriſchen Daſeyns. Denn dieß ſetzte voraus,
daß ich entweder von ihm ſelbſt eine wirkliche

Wahr-

Bahrnehmung habe, oder von etwas anderm, das
ich zwingt, zu schließen, daß jenes auch da sey,
nd ich im Fortgange der Erfahrung eine Wahr=
ehmung davon erhalten werde. Beydes ist bey
Gott unmöglich (S. 109 f.). Die Wirklichkeit
Gottes ist unerkennbar und unbegreiflich. Die
nerkennbarkeit und Unbegreiflichkeit der Wirk=
chkeit Gottes hebt die Wahrheit derselben nicht
uf (S. 113). Der Verf. verweiset hiebey (S.
10) auf das Vorhergehende, wo er dieß umständ=
ch gezeigt habe. Vermuthlich dachte er hier an
ie S. 73 f. vorgetragene Säße von objectiver
Vahrheit. „Um von Gott eine objectiv wahre
orstellung zu haben, müßte unsere Empfänglich=
it mit diesem Wesen in wirkliche Communication
eten, durch ein gewisses Medium Einwirkungen
n ihm aufnehmen, und dem auf diese Weise er=
ltenen Stoffe nach den Verbindungen und Re=
ln des Ideen bildenden Vermögens eine be=
mmte Form geben. — Gesetzt es könnte wirk=
h Wesen geben, welche eine Communication mit
ott zu eröffnen (warum just diesen Ausdruck? —)
d durch ein gewisses *Medium* (ist dieß wesent=
) zur Sache?) Einwirkungen von ihm aufzuneh=
n fähig wären: so könnte doch auf diese Weise
: ein Stoff in ihr Bewußtseyn kommen, der zu=
chte, auch nur ein Merkmal (absolutes oder
atives, das menschliche Urtheil bestimmendes?)
 Gegenstandes zu repräsentiren; und kein Um=
 des formenden Vermögens würde ihn fas=
. „ (Letzteres ist außer Zweifel, wenn es sich
 das absolute Wesen der Gottheit bezieht.)
Zenn einem Gegenstande die Formen der Sinn=
keit (heißt es S. 135) widerstreiten: so ist er
t empirisch, sinnlich, erkennbar wirklich. „

Ich

Ich muß bekennen, daß mir diese Beweise nicht einleuchten, und daß ich zweifle, ob irgend ein genugthuender Beweis des Satzes möglich sey. Wenigstens dieser ist es für mich nicht. Meine Gründe habe ich zwischen den Worten des Berf. einigermaßen angedeutet. Nemlich so wenig daraus, daß ein endlicher Verstand das absolute Wesen der Gottheit zu fassen und adäquat sich vorzustellen fähig ist; als daraus, daß wir kein Merkmal angeben können, mittelst dessen unser oder irgend ein endlicher Verstand von der unmittelbaren Gegenwart und Einwirkung Gottes sich überzeugen müßte, scheint mir die Unmöglichkeit einer solchen Wahrnehmung und Ueberzeugung zu folgen. Denn unmittelbare, durch das Object selbst bewirkte Erkenntniß, und vollständige Erkenntniß des absoluten Wesens dieses Objectes sind nicht einerley; sonst hätten wir gar keine Erkenntniß von irgend einem Dinge. Und daß wir kein Merkmal einer Erkenntniß angeben können, die wir nicht haben; beweiset auch nicht die Unmöglichkeit dieser Erkenntniß. Würden wir wohl die Möglichkeit der Wahrnehmungen, die uns mittelst des Sehens entstehn, begreifen können, wenn kein Mensch diesen Sinn hätte? Wir begreifen ja nicht einmal, wie wir vom Daseyn der Körper außer uns überzeugt seyn können; welches, wie bekannt ist, einige bewogen hat, diese Ueberzeugung zu bestreiten. Die Formen der Sinnlichkeit widerstreiten freylich dem unendlichen Wesen in so fern, daß es, wie es in sich ist, nicht unter diesen Formen, insbesondere auch nicht unter der Form der Zeit vorstellbar ist. Aber daß unser Erkennen überall nicht Erkenntniß der Dinge, wie sie an sich sind, nur Erkenntniß einer Beziehung derselben auf uns ist, darinne sind wir ja alle einig.

Ob

Ob ich also gleich nicht im Stande bin, a priori
n Merkmal anzugeben, bey welchem die unmit=
lbare Wirkung und Gegenwart Gottes sicher er=
nnt werden könne; ob ich gleich einen jeden,
:lcher auf solch eine Erkenntniß aus= oder in sich
: gienge, sehr warnen würde vor mancherley
ährlichen Täuschungen, die ihm begegnen könn=
1; und meine Vernunft an der mittelbaren Er=
intniß Gottes aus seinen Werken sich gern ge=
gen läßt, und nur darinne immer weiter zu
nmen strebt: so getraue ich mir doch den Be=
is der Unmöglichkeit einer andern Erkenntniß und
berzeugung vom Daseyn Gottes nicht zu überneh=
n. Vom Verf. der Wahres und Falsches auch
r Schwärmereyen gut zu unterscheiden weiß
. 237 f.), habe ich eine unbillige Auslegung dieses
ständnisses gewiß nicht zu fürchten. Aber ich
ßte nicht, wie irgend jemand darinne etwas
)wärmerisches finden könnte. Daß es Schwär=
: mißbrauchen können; wäre kein Einwurf.
ht ergiebt sich aus dem Bisherigen, wie gern ich
:ender Stelle des Verf. beypflichte. „Daseyn ist
Begriff, den unsere Natur ohne Unterricht
g versteht, den aber keine Philosophie zu er=
pfen vermag. Diese thut genug, wenn sie —
e verschiedene Anwendungen bestimmt, und
Vermengung desselben mit andern Begriffen
)ütet.„ (S. 107).

IV. Kurze Anzeigen.

1) **Pythagoras oder Betrachtungen über die geheime Welt- und Regierungskunst. Von Adam Weishaupt. Erst. Band. I — III. Abschn. Frankf. u. Leipz. 1790. 674 S. 8.**

Obgleich das Absehen des Verf. allernächst auf geheime Gesellschaften geht: so durfte er, schon nach dem zu urtheilen, was dieser erste Theil enthält, eine mehr umfassende Aufschrift wählen. Das Thema welches er bearbeitet, und die Art, wie er es bearbeitet, führt zu den interessantesten moralisch-politischen Untersuchungen. Die Anzeige einiger der Hauptfragen, über welche diese Betrachtungen sich verbreiten, kann dieß schon beweisen. Solche sind in der ersten Abtheilung S. 89-472 die folgenden: Was kann und soll der Mensch werden? Was ist er wirklich von dem was er werden kann? Warum ist er noch nicht weiter? Was muß geschehen, wenn er weiter kommen soll? Kann dieß durch öffentliche Anstalten geschehen? Diese Frage veranlaßt die bestimmtere: In wie fern wirkt der Staat auf den innern Menschen, und die Veredlung seiner Absichten? In wie fern thut dieß die Kirche? In wie fern die heutige Erziehung? Endlich: In wie fern können geheime Verbindungen eine höhere Vervollkommnung und Veredlung der Absichten bewirken? Der Hauptsatz des Verf. hiebey ist der: daß geheime Verbindungen eben dadurch den Menschen veredeln, daß die eigenen Erfahrungen, die sie geben, es bemerklich

lich machen, daß sie nicht Bestand haben können;
so lange sie einen andern Zweck haben, als Be=
förderung reiner Liebe zum Guten. Wenn nun
Menschen, bey den mancherley in der Natur und
in äussern Umständen liegenden Veranlassungen
zu geheimen Verbindungen, diese Erfahrung und
Einsicht befolgen, den Zweck derselben allein auf
sittliche Vervollkommnung richten, und alles an=
dere, was sie dabey wünschen können, nur als
Folge hievon ruhig erwarten: so können sie diesen
Zweck auf eine sehr vorzügliche Weise befördern.
Dieß ist nun zwar dem Verf. gar nicht Geschichte
der bisherigen geheimen Gesellschaften. Unter=
dessen läßt er einigen derselben Gerechtigkeit wie=
derfahren; indem er ihnen verschiedene gute Wir=
kungen zugesteht, besonders in Absicht auf die all=
gemeinere Anerkennung der bey allen Abtheilun=
gen und Trennungen der Menschen noch zu be=
behauptenden innern Würde und unveräusserlichen
Rechte der Menschheit. — Die zween Hauptsätze
des Verf. sind: daß geheime Verbindungen für
die sittliche Vervollkommnung der Menschen sehr
vortheilhaft seyn können; und, daß eben dadurch,
daß sie lediglich diese zur Absicht machen, sie (zwar
um so langsamer anwachsen, aber um so mehr)
Dauerhaftigkeit sich verschaffen können. Eine
Bedingung muß aber auch noch dabey vorausge=
setzt werden, die zwar in den Grundsätzen, auf
welchen die Ideen des Verf. beruhen, aufs deut=
lichste enthalten ist; (S. z. B. 571 ff.) bey welcher
aber, in Beziehung auf Wirklichkeit, noch im=
mer ein erheblicher Einwurf entstehen kann; nem=
lich daß der Zweck, uneigennützige Liebe zum
Guten, reine Sittlichkeit, zu befördern, auch
mit richtigen moralischen Grundsätzen begleitet
werde. Denn sonst könnte im Stillen genährter

Enthu=

Enthusiasmus, unter der Losung, für Tugend und Sittlichkeit, eben so wohl eine Zeitlang Unheil anrichten, als unter der Losung für Gott und Religion. Daß gewisseste Resultat ist also dieß: die Sache ist gut, wenn die Leute gut sind, die sich ihr unterziehen. Und eine Hauptregel zur Beurtheilung der Sache von außen: gebt auf die Menschen acht, in deren Händen sie ist; wie sie im Ganzen beschaffen sind. Aber eben dadurch kann auch diese Schrift ungemein nützlich werden, daß sie besonders darauf sich beziehende richtige sittliche Grundsätze verbreitet, mittelst welcher der Trieb zu geheimen Verbindungen immer unschädlicher und wohlthätiger werden muß.

2) Johann Heinrich Vogt. Ein Denkmal nebst Fragmenten des Verstorbenen. Maynz bey T. Sartorius. 1791. 151 S. 8.

So wohl aus den bis S. 50 gehenden Nachrichten, als aus den Fragmenten der hinterlassenen Aufsätze lernt man einen sehr interessanten und liebenswürdigen Charakter eines Gelehrten kennen, der im J. 1789 im 41ten Jahr seines Alters starb, als Prof. des N. R. und der philos. Moral. Eine lebhafte, für das Schöne und Gute besonders empfängliche Imagination, ein für sich zwar scharf eindringender und aufgeklärter, aber durch Achtung für das Schöne und Gute hauptsächlich geleiteter Verstand machen die vorzüglichsten Bestandtheile dieses Charakters aus. Nach den gewöhnlichen Regeln des Lehrvortrags dürfen die Aufsätze nicht überall geprüft werden; in dem der stark an- und eingreifende Ausdruck dem bestimmten oft vorgezogen ist. Aber sie enthalten doch manchen vortheilhaft sich auszeichnenden Gedanken.

3)

3) Philosophische Aphorismen, unter dem Vorsitze des Jakob Schmelzer, der W2W. Doct. der Logik u. Metaphysik öffentl. ordentl. Lehrers, öffentlich vertheidiget. Trier 1790. 77 S.

Zwar meist aus andern Schriften ausgehobene Sätze; aber doch so erläutert und verbunden, daß man einen Verf. erkennt, der weiter zu gehn, und dem Studium der Philosophie noch ungleich wichtigere Dienste zu leisten fähig ist.

4) Miscellanea inauguralia philosophici argumenti. Auctore Gisb. Iac. Wolf. Harderwyk. 1790. 52 S. 4.

Ueber das Verhältniß der Philosophie zur Medicin erst überhaupt; dann über einige wichtige Lehrpunkte an der Grenze beyder, mit Einsichten, die einem jungen Manne Ehre machen.

5) Darstellung des Kantischen Systems nach seinen Hauptmomenten, und Beantwortung der dagegen gemachten Einwürfe. Besonders zum Gebrauch akademischer Vorlesungen. Von J. Gottl. Peucker. Grottkau u. Leipz. 1790. 374 S. 8.

Für die nächste Absicht, wozu sie bestimmt ist, wird diese Schrift immer brauchbar seyn. Noch brauchbarer würde sie seyn, wenn sie nicht so viele und zum Theil sehr häßliche Druckfehler hätte.

6)

6) Beyträge zur Berichtigung bisheriger Mißverständnisse der Philosophen, von K. L.
Reinhold. Erster Band das Fundament
der Elementarphilosophie betreffend. Jena
bey J. M. Mauke. 1790. 456 S. 8.

Sie werden ihre Absicht gewiß in manchem
Stücke bey vielen erreichen. Und der Verf wird
wohl auch nicht hier zum letztenmal an seinen bisherigen Schriften etwas zu verbessern gefunden
haben. Mehr habe ich in den G. A. über diese
Schrift gesagt. Auf alles, was mich persönlich
darinne angeht, erwiedere ich, meinen längst angenommenen Grundsätzen getreu, auch hier nichts.

7) Theophron oder der erfahrne Rathgeber
für die unerfahrne Jugend, von J. H.
Campe. Dritte gänzlich umgearbeitete Ausgabe. Braunschw. 1790. 543 S.

Die neue und verbesserte Ausgabe eines vor-
trefflichen, für die Bildung des Jünglings classi-
schen Buches, bedarf keiner Empfehlung.

8) Des Ritters Karl Müller von Friedberg
Philosophie der Staatswissenschaft in
Grundsätzen zur gesellschaftlichen Glückse-
ligkeit. St. Gallen 1790. 374 S. 8.

Gründliche, durch Geschichte genährte Philosophie, mit Schweizerischer Freymüthigkeit bie-
der und eindringlich vorgetragen, dem Prinzen
von Preußen zugeeignet, und würdig von künftigen Regenten studiert zu werden. Der Verf. geht
mehrentheils in der Mitte zwischen den entgegen-
gesetz-

gesetztesten Systemen; sowohl im Staatsrecht, als in der Politik.

9) Erfahrungen von J. G. Büsch Prof. in Hamburg. 1790. 2 Bände. 8. 1) Ueber die Einförmigkeit des Lebens S. 1–230. 2) Ueber Manieren und Sitten, Höflichkeit und Lebensart. 3) Ueber den gesunden Menschenverstand. 4) Ueber die Erziehung eines Prinzen Th. II. S. 1–260. 5) Guter Rath bey verschiedenen Fehlern der Augen. — Wichtige Beyträge zur practischen Psychologie; wie man sie von einem so bewährten Schriftsteller, nach vieljähriger eigenen Erfahrung, und gründlichen Geschichtskenntnissen erwarten darf.

10) Ueber Volksaufklärung; ihre Gränzen und Vortheile. Eine Provinzialschrift. Von J. L. Ewald. Berlin 1790, bey J. Fr. Unger. 92 S. 8. Mit den Waffen einer gründlichen Phliosophie, der Geschichte und der Beredsamkeit vertheidigt der Verf. die gute Sache der Aufklärung d. h. des freyen Gebrauchs des Menschenverstandes zum vernünftigen Leben, nach eines jedweden gemeinen und besondern Verhältnissen. Und gewiß muß er auf die Gegner derselben Eindruck machen, die nicht ganz blind, gefühltos oder vom Leichtsinn beherrscht sind; da er auch so entfernt ist von allen Ausschweifungen der unaufgeklärten Aufklärungssucht. Freylich sieht er die Unmöglichkeit ein, absolute Grenzen der Aufklärung des menschlichen Verstandes zu bestimmen. (S. 26.) Aber doch hat es die Obrigkeit sehr in ihrer Gewalt,

P 4 daß

daß diese Aufklärung im Ganzen verhältnißmäßig und stetig sich verbreite; und das ist die
Hauptsache. „Das Volk soll lernen, was jeden
zu einem bessern Menschen, Unterthan, Hausva-
ter, Landmann, Handwerker machen kann. Was
das Volk ohnehin wissen muß, soll es richtig
wissen; die Begriffe, auf die es ohnehin stößt,
sollen wahr und klar seyn. Das, worauf der
Landmann ohnehin sein Nachdenken richten muß,
soll er lernen richtig beurtheilen; das Geschäffte,
das er doch treibt, soll er lernen vernünftig und
zweckmäßig treiben: was man ihm giebt, soll gewisse, durch Erfahrung oder Geschichte bestätigte
Wahrheit seyn., (S. 27.). Erziehung ist das
vornehmste Mittel zur Volksaufklärung; und Religion die vornehmste Grundlage für alles übrige;
historischpositive Religion ist allein schicklich fürs
Volk; und die christliche in ihrer ursprünglichen
biblischen Einfalt von unschätzbarem Werthe in
dieser Absicht.

11) Ueber das Verhältniß der thätigen und
leidenden Kraft im Staate zu der Aufklärung. Bey Veranlassung der neuesten Un-
ruhen. Frankf. a. Mayn 1790. 88 S. 8.

In dieser Schrift geht die Hauptabsicht dahin,
zu zeigen, wie es allerdings der Obrigkeit zukomme, die Aufklärung zu leiten; daß sie überall
verhältnißmäßig sich verbreite. Absichtlich zu täuschen, oder despotisch gewaltsam das Licht abzuhalten, hat sie darum doch kein Recht. Sie kann
ihr Recht mißbrauchen; aber zügellose Freyheit
des Aufklärungseifers aller die sich dazu berufen
glauben, worunter viele eben so wenig gründliche
Einsichten als lautere Absichten haben, wäre noch
gefähr-

gefährlicher. Man nennt einen Freyherrn von
Benzel als Verf. dieſer manchen trefflichen Gedanken enthaltenden Abhandlung.

12) Hiſtoire metaphyſique de l'organiſation
animale. Troiſieme Partie. Prem. Sect.
noch mit dem beſondern Titel: De l'Ame
de l'intelligence et de la liberté de la
volonté. Par le C. de Windiſch-Graetz.
à Strasbourg chez J. G. Treuttel. 1790.
126 S. u. 28 S. kleiner gedruckte Noten.
Ueber die mechaniſche Philoſophie des Verf.
habe ich mich ſchon bey der Anzeige des Anfangs
dieſer Arbeit, im vorigen St. der Philoſ. Bibl.
S. 87 f. erklärt. Er unterſcheidet ſich freylich von
andern Liebhabern mechaniſcher Erklärungen unſerer innerſten Verrichtungen und Zuſtände, da-
dadurch; daß, ob er gleich ihren Urſprung aus
phyſiſchen, mechaniſch wirkenden Gründen abzuleiten ſucht, er doch am Ende die eigenthümlichen
Geſetze, mit welchen die geiſtigen Kräfte wirken,
wenn ſie einmal vorhanden ſind, und ihre Vorzüge vor dem Mechaniſchen, aus welchem ſie ent-
ſprungen ſind, vollſtändig anerkennt und vertheidiget. So wie er ſich in ſeinen vorhergehenden
Schriften deutlich darüber erklärt hat, wie er es
für unleugbar halte, daß die Vernunft vermögend
iſt, ihre Begriffe vom Guten und Böſen zu den
herrſchendeſten Triebfedern des Willens zu machen,
und daß von dem Bewußtſeyn, dieſen Begriffen
der Vernunft gemäß gehandelt zu haben, die Zufriedenheit und Glückſeligkeit des Menſchen weit
mehr abhänge, als von irgend einer andern Urſache: ſo baut er nun hierauf auch ſehr gut den
Begriff von der geiſtigen Freyheit. Denn wie
jedes

jedes Ding frey ist, in so fern es nach seinen eige=
nen Kräften und Gesetzen sich bestimmt: so kann
also auch die Freyheit des Geistes in nichts anderm
bestehen, als in dem Vermögen, nach seinen ei=
genen Kräften und Gesetzen, also nach seiner voll=
kommensten Erkenntniß, nach Begriffen, Grund=
sätzen und Gesetzen der Vernunft, oder, wie es
der Verf. auch ausdrückt, nach reiner Vernunft,
unabhängig von sinnlichen Reizen und Antrieben,
sich zu bestimmen; welches denn die treffliche, und
von den ältesten Philosophen schon eingesehene,
Folge giebt, daß der menschliche Geist in dem
Maaße frey sey, wie er sittlich gut oder weise ist.
Auch die Fähigkeit des Innern Menschen, des
Subjectes des Denkens und Bewußtseyns, unab=
hängig von der Organisation, die ihm das Da=
seyn gab, und nach deren Untergang, zu subsisti=
ren, sucht der Verf. in dieser Abtheilung noch
mehr ins Licht zu setzen und zu vertheidigen. Und
eingestehen muß man es, daß, wenn auf der einen
Seite solche mechanische Erklärungen des Ursprungs
unserer innersten Kräfte und Verrichtungen viel
für sich haben, so wohl im ganzen vor uns liegen=
den Gange der Natur, als in der besondern Ge=
schichte der menschlichen Natur, und sich auch mit
dem bekannten Canon, caussae non sunt multi-
plicandae praeter necessitatem, empfehlen können;
auf der andern Seite auch dem Verf. die Einge=
schränktheit aller unserer Erkenntniß von dem, was
wir metaphysische Substanz, letzte Gründe, Grund=
kräfte nennen, bekannt genug ist, um die Vor=
theile nicht unbenutzt zu lassen, die sich zur Ver=
theidigung solcher, nicht allseitig genugthuenden
Erklärungen, dorther nehmen lassen. Wie er
denn auch den formis substantialibus unter diesem
Gesichtspunkt das Wort zu reden weiß. Also —

diese

diese Folge hatte ich bey dem Bisherigen hauptsäch=
lich zur Absicht — solche Versuche mechanischer De=
ductionen psychologischer Gegenstände sind nicht
schlechthin zu tadeln. Wenn sie was aus dieser
einen Gattung von Gründen, offenbar oder schein=
barlich gefolgert werden kann, sorgfältig und
scharfsinnig entwickeln, zünden sie immer Licht an.
Aber Vorsicht und Warnung ist doch auch dabey
nöthig, das helle Licht, in welchem in Beziehung
auf einige Erscheinungen eine andere Art von
Gründen sich zeigt, nicht darüber außer Acht zu
lassen; und insbesondere dabey nicht zu vergessen,
wie das Aeußere, von welchem die mechanische
Philosophie ausgeht, in der Wahrnehmung doch
immer durch das Innere, die Natur des wahr=
nehmenden Subjectes, modificirt wird, und jenes
also schon darum für absolut letzten Grund dessen,
was wir wahrnehmen, auch nicht gelten kann.
In das Einzelne einzugehn, fehlt es dießmal am
Raume. Aber mancherley physische Vorstellungen
auf psychologische Erscheinungen mit Scharfsinn
angewandt, werden unpartheyische Leser in dieser
Schrift ohne Mühe wahrnehmen.

13) Della iſtoria critica del moderno diritto di natura e di genti. Di Agatopiſto
Cromaziano. In Perugia 1789. 287 S. 8.

Der Verf. heißt eigentlich *Appiano Buonafede*,
und ist durch sein Werk über die Geschichte der
Philosophie (Iſtoria und Reſtaurazione di ogni
filoſofia) bekannt. Gegenwärtiges ist auch weiter
nichts als ein Abdruck aus dem dritten Tom der
Reſtaurazione; wie in der Vorrede selbst angezeigt
ist. Der Verf. ist ein gelehrter und scharfsinni=
ger Mann; aber die Absicht, die Philosophen jen=
seit

seit der Alpen und der Meere, besonders die Protestanten, seinen Landsleuten verdächtig zu machen, wenigstens die Achtung für dieselben zu verringern, leuchtet ein wenig zu stark durch. Indem sich beym Lesen dieser Schrift die Erinnerung an die in der Geschichte des Naturrechtes vorkommenden Streitigkeiten erneuerten, drangen sich mir auch ein Paar Bemerkungen mehrere male auf. Erstlich diese; wie bey der Erscheinung reformatorischer Schriften eine Hauptursache des Widerspruches immer in den übertriebenen Erhebungen derselben lag, die der eine Theil sich erlaubte. Sodenn diese; daß, wenn auch gleich nicht alles Lob verdient, was in den neuesten Streitigkeiten der Philosophen bisher vorfiel, diese doch sehr gesittet heißen können, in Vergleichung mit denjenigen, die zur Zeit der Pufendorfe und Thomasiuse geführt wurden.

14) Trattato universale filosofico e politico sopra lo stato dell' uomo libero ed in società, relativamente alle di lui facoltà, sopra la forma dei sistemi la disciplina, le arti, il commercio e la Economia. Di Pietro Mocenigo Patricio Veneto. 1789. 139 S. 8.

Daß man mittelst der gesellschaftlichen Verhältnisse dem Menschen die verschiedensten Ausbildungen geben könne; und daß man sich vor der Menge nicht sonderlich zu fürchten habe, wenn man die Kunst zu regieren versteht; dieß sind die Hauptgedanken, die in dieser Schrift am stärksten durchleuchten. Der Verf. schweift aber um allzu viele wichtige und vielseitige Gegenstände allzu flüchtig herum, um recht lehrreich seyn zu können; scheint auch

auch mit seinen Ideen, die wohl mit unter Schwung verrathen, selbst noch nicht recht in Ordnung zu seyn.

15) Due discorsi filosofico-politici, l'uno sull' influenza degli spettacoli nelle nazioni; l'altro sù quelle dei viaggi nell' Educazione. Dell' Abate Idelfonso Valdastri. 1789. 211 S. 4.

Der Verf. hat schöne Belesenheit; und schreibt gut. Er ist gegen die Reisen junger Leute, sehr für gymnasiastische Schauspiele, und nicht schonend in der Beurtheilung des neuern Theaters, für welches er eine strengere obrigkeitliche Aufsicht fordert.

16) Del Commercio dei popoli neutrali in tempo di guerra. Trattato di Gio. M. Lampredi, Prof. di Diritto publ. univ. nell' università di Pisa. 1788. Part. I. 248. II. 283 S. 8.

Der Verf. ist durch ein Werk über das Naturrecht vortheilhaft bekannt, und hat auch diese streitige Materie mit vieler Einsicht behandelt. Der zweyte Band enthält Verträge und Verordnungen, die seit dem 14ten Jahrh. über diesen Gegenstand gemacht wurden. (S. G. A. v J. S. 1117 ff.)

17) De la loi naturelle. Par M. 1790. Tom. I. 344. II. 291 S. 8.

Mehr gut gemeinte, als gründlich entwickelte, bestimmte, und verbundene Gedanken eines das gemeine Beste wünschenden, aber den Frieden liebenden Mannes. Man sieht also auch nicht recht, zu welcher der jetzt mit einander kämpfenden Partheyen er zu zählen sey. Für die Parlamente und

gegen

gegen die Phyſiokraten erklärt er ſich ſehr beſtimmt.
So auch gegen den Sklavenhandel.

18) Du povoir de la nation dans la for-
mation des Loix. Paris 1789. 208 S. 8.

Daß die Geſetzg. Gewalt ein unveräußerliches
Recht einer jeden Nation ſey, philoſophiſch; und
daß die Frankiſche ſich dieſes Rechtes nie völlig
begeben habe, hiſtoriſch ausgeführt. Das Buch
wurde verfertiget, als die Nationalverſammlung
nur erſt ausgeſchrieben war; und kann zu denjenigen mitgerechnet werden, die das nachfolgende
haben bereiten helfen.

19) Supplement au Contract Social. Par
M. Gudin. à Paris 1791. 298 S. 8.

Von S. 1-83 allgemeine Grundſätze des Staatsrechtes und der Staatsklugheit; dann Anwendung auf die neuſte Geſchichte Frankreichs --152.
Endlich erläuternde Zuſätze und Anmerkungen.
Der Verf. iſt ein großer, doch nicht blinder Ver-
ehrer von Rouſſeau. Eben ſo iſt er Vertheidiger
der Revolution und neuen Einrichtungen; aber
doch ohne alles dabey unverbeſſerlich zu finden, ge-
ſchweige denn, die Ausſchweifungen des Pöbels
und die Kunſtgriffe der Demagogen gut zu heißen.
Kurz, die Schrift verräth einen gutdenkenden und
einſichtsvollen Mann, und enthält auch manche
intereſſante hiſtoriſche Bemerkungen. Eine andere Schrift des Verf. die er (S. 207) ſelbſt anführt, Hiſtoire des Comices de Rome, des Etats
generaux de la France et du Parlement d'Angle-
terre, kenne ich noch weiter nicht.

20) Theorie des loix criminelles, ou Diſcours
ſur cette queſtion, ſi l'extreme ſeverité
des

des loix diminue le nombre et l'enor-
mité des crimes. Suivi d'un tableau ana-
lytique des loix criminelles des differens
peuples. Composés en 1788 et publics
en 1789. P. J. B. Chauffard, Avocat au
Parlement. 1789. 208 S. 8.

Die Philosophie des Verf. ist mehrentheils ju=
gendliche Declamation; und das Historische, wel=
ches den größten Theil des Inhaltes ausmacht, ist
auch nicht überall richtig (G. A. v. J. S. 1325 ff.).

21) Theorie des peines capitales ou abus
et dangers de la peine de mort & des
tourments. Par M. Vaffelin. à Paris 1790.
181 S. 8.

Nur beym Verbrechen gegen die Nation will
der Verf. Todesstrafe gestatten.   In allen übri=
gen Fällen, glaubt er, könne mit Gefängniß und
Verlust der Ehre mehr ausgerichtet werden. Die
bekannten Gründe hat er gut ins Licht gesetzt; und
bey der Würdigung der Verbrechen einige gründ=
liche Bemerkungen gegen Briffot de Warville und
andere neuere französische Schriftsteller in die=
sem Fache beygebracht.

22) Ueber speculative Philosophie. Von J.
Fr. Zöllner. 1789. 215 S. 8.

Eine durch Ideen und Vortrag sich trefflich
empfehlende Schrift.

23) Actenmäßige Nachrichten von der neue=
sten philosop. Synode ꝛc. 1791. 195 S. 8.

Diese Schrift, von der ich in den G. A. v. J.
(S. 1852 ff.) mehr gesagt habe, nur allein von
der ernsthaften Seite hier anzusehen; muß ich

Philos. Bibl. IV. B.   Q   beken=

bekennen, daß sie mich mit einigen, die gegenwärtigen Streitigkeiten der Philosophen, und meine
Aeußerungen insbesondere betreffenden wichtigen
Bemerkungen zuerst bekannt gemacht hat; und
daß ich es wenigstens sehr gern sehen werde,
wenn der Verf. seine Arbeit fortsetzt; aber, wenn
ich bitten darf, mit noch weniger persönlichen Saty-
ren; mein pater peccaui mag er immerhin anführen.

24) Beyträge zum Studium der Philosophie,
von G. J Dorsch, Prof. ꝛc.
Der 5te–7te Heft dieser lehrreichen Beyträge
beschäftigen sich mit der Theorie der äußern Sinnlichkeit und der Sprache.

25) Karl Gottfr. Bauer der WW. M. und
Pfarrer zu Frohburg, über die Mittel dem
Geschlechtstriebe eine unschädliche Richtung zu geben. Eine gekrönte Preißschrift.
Leipz. bey Crusius 1791. 498 S. 8.
Nicht nur den Pädagogen, sondern allen denen,
die an den sittlichen Angelegenheiten der Menschen
ernsten Antheil nehmen, empfehle ich diese Schrift
aus innigster Ueberzeugung.

26) Institutiones Metaphysicae in vsum
academicum conscriptae a Dionysio van
de Wynperße, Philos. Prof. Edit. ter-
tia. 1789. 375 S. 8.
Der Verf. glaubt, daß es in der natürlichen
Theologie Demonstration und volle Gewißheit gebe,
wie in der Mathematik, vera demonstratio ple-
naque adeo certitudo mathematicae aequalis p.
188. Uebrigens philosophirt er eklektisch und trägt
seine Gedanken gut vor.

27)

27) Beweis für die Unsterblichkeit der Seele aus dem Begriff der Pflicht. Von L. G. Jacob, Prof. der Philosophie zu Halle. 1790. 182 S. 8.

Meine Zweifel gegen einige Hauptsätze dieser Schrift habe ich in den G. A. v. J. S. 1185 ff. vorgetragen. Dieser ungeachtet habe ich sie mit vielem Nutzen und Vergnügen gelesen; so wie gewiß jeder Unpartheyische vieles darinne vortrefflich auseinander gesetzt und vorgetragen finden wird.

28) Ernst Plattners neue Anthropologie für Aerzte und Weltweise. Erst. Band. 1790. 664 S. 8.

Ein treffliches, lange erwartetes, und das Verlangen nach der Fortsetzung gewiß allgemein erweckendes Werk.

29) Versuch vollständiger Prolegomene zur Philosophie. Von G. W. Block. 1790. 229 S. 8.

Arbeit eines jungen Mannes, der Aufmunterung verdient; wenn er gleich die Schwierigkeit seines Unternehmens noch nicht überall scheint eingesehn zu haben.

30) Marcus Herz, über den Geschmack. 2te verm. u. verb. Auflage. 1790. 256 S. 8.

Der Hauptgedanke des Verf. geht auf die Wichtigkeit des Verhältnißmäßigen in den objectiven und subjectiven Gründen der Geschmacksurtheile, Haltung und Haltungsgefühl nennt er es; und seine Theorie wird noch interessanter durch die Verbindung der sittlichen und ästhetischen Grundsätze unter jenen Begriffen.

Inhalt.

www.ingramcontent.com/pod-product-compliance
Lightning Source LLC
Chambersburg PA
CBHW020856270326
41928CB00006B/734